JN078847

新しい時代の
教職入門

第3版

秋田喜代美・佐藤 学 [編著]

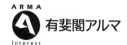

有斐閣アルマ

　本書は 2006 年の初版，2015 年の改訂版の刊行後も版を重ね，累計およそ 5 万部の教職課程の教師論の定番テキストとして，日本の中で最もよく読まれているテキストとなっています。

　しかし時代とともに，教員養成のあり方も教師の生活にも大きな変化が生じてきています。そこで，巻末の資料編の統計資料を見直すとともに，あらためて個々の執筆者が現在においても重要な変わらぬ部分は何か，改変が必要な部分は何かを見直すことで第 3 版として刊行するものです。

　2020 年からのコロナ禍において，国際的にもあらためて学校の意味や教師の仕事が問われています。わが国でも「『令和の日本型学校教育』を担う教師の養成・採用・研修等の在り方について～『新たな教師の学びの姿』の実現と，多様な専門性を有する質の高い教職員集団の形成～」答申が 2022（令和 4）年に出されました。ICT 技術，人工知能によってさまざまな職業がとって代わられる時代がきても，教職は高度専門職としてその中でも代えることのできない仕事といわれています。ぜひ本書を通して，その専門性の真髄は何かを学んでいただけたらと願っております。

　また，この本は教職課程教科書であると同時に多くの方に，現職になってから読み直すといろいろな発見があるという声も聴いております。ぜひ多様な方々に読んでいただけたら幸いです。

　2024 年 1 月

編著者を代表して　秋田喜代美

　教師とは，子どもたちにとって，親にとって，社会にとって，国家にとって，どのような存在なのでしょうか。教職は，どのような専門性をもった職業だといえるでしょうか。

　小学校から高校までの 12 年間の経験を考えても，学校に行けばそこにいつも教師がいたでしょう。学校という場では，教師との関係の中で，子どもは生徒としてふるまうことになります。一人ひとりの教師といかにつきあうか，教師の働きかけにいかに応じるかを考えてきたでしょう。また教師は授業を行うだけではなく，さまざまなことをあなたにしてくれたでしょう。そのために，教師とはどのような仕事であるのか，何を専門とする専門家なのか，子どもの発達や学習においてどのような意味をもつ存在でありえるのかをあらためて問い直すことはなかったでしょう。教師は，子どもからみると最も身近で働いている大人です。そのために教職という仕事は自明であり，「教師という存在」「教職の意義」は不問に付されてきました。

　しかし，学校教育という場での営みと子どもの発達を考えたとき，教師という存在や教師を教師たらしめている専門性，教職のもつ意味への問いを避けて通ることはできません。この問いは教師として生きていくために，さまざまな教科内容や教育の方法，児童生徒の発達の知識や教授技能などを考えていく基盤となるものです。

　本書は，これから教師を志す人，学校教育について考えたいと思っている人，そして教職をあらためて振り返りたいと考えている人に向けて，前述の問いを中核にして書かれたテキストです。1998

年7月教育職員免許法の改正が行われ，教職科目の中に「教職の意義等に関する科目」が新設されました。多くの大学で教職課程において最初に学ぶ科目となっているものです。本書はこの科目設置の意味に立ち戻って考えてもらえるよう，教師を外側の学問理論によって解説して描くのではなく，教師が現実に生きている日常世界という内側から記述して意味づけることを中心に据えたテキストを編集することをねらいとしました。

　子どもの問題や教育の問題が起こるたびに，教師はスケープゴートとして常に批判の的となります。外側からの批判ではなく，内側から教師の仕事の可能性を考えてもらうことが必要です。教師が行っている仕事量は膨大であり，生徒への責任を担うだけに複雑な判断が常に求められます。本書各章では，そのさまざまな側面・視点から教師の仕事を取り上げ，教職を重層的に描き出すことをめざしました。そのために，第1に，初学者の人にも具体的に教師の世界をイメージしてもらえるよう，教師の生きた姿を記述しながら論じていくようつとめました。また第2に，教職を考える上で核となる概念や本質的な見方を中心にして，論じていくようにしました。そして第3に，教師は小説やテレビ，映画などの場面でも取り上げられ語られてきています。そこには学校の現実だけではなく時代が求める社会表象としての教師像や教育言説があります。そこでそれをコラムで取り上げることにしました。この3点が本書編集上の大きな特徴です。

　そしてこの編集企画にふさわしい，学校にかかわり教師と長く付き合ってきている方々に執筆をお願いいたしました。本書が多くの方々に読まれ，教師の仕事を共感的に考え教師になることをめざす人が増えるならば幸いです。最後になりましたが，有斐閣書籍編集

第 2 部の茅しのぶさんには丁寧な本づくりをしていただきましたこ
とを心より感謝します。

2006 年 2 月

編著者を代表して　秋田喜代美

執筆者紹介 (執筆順, *は編者)

＊秋田喜代美 〔第1章, 第7章〕

東京大学大学院教育学研究科博士課程修了, 博士 (教育学)

現職：東京大学名誉教授, 学習院大学文学部教授

主著：『学びの心理学——授業をデザインする』左右社, 2012年。
『これからの教師研究——20の事例にみる教師研究方法論』(共編著) 東京書籍, 2021年。

藤江康彦 〔第2章, 資料〕

広島大学大学院教育学研究科博士課程後期修了, 博士 (教育学)

現職：東京大学大学院教育学研究科教授

主著：『授業研究と学習過程』(共著) 放送大学教育振興会, 2010年。
『21世紀の学びを創る——学習開発学の展開』(共編著) 北大路書房, 2015年。『これからの質的研究法——15の事例にみる学校教育実践研究』(共編著) 東京図書, 2019年。

鹿毛雅治 〔第3章〕

慶應義塾大学大学院社会学研究科教育学専攻博士課程修了, 博士 (教育学)

現職：慶應義塾大学教職課程センター教授

主著：『学習意欲の理論——動機づけの教育心理学』金子書房, 2013年。『発達と学習』(未来の教育を創る教職教養指針3) (編著) 学文社, 2018年。『授業という営み——子どもとともに「主体的に学ぶ場」を創る』教育出版, 2019年。

＊佐藤　学 〔第4章, 第11章〕

東京大学大学院教育学研究科博士課程修了, 博士 (教育学)

現職：東京大学名誉教授

主著：『教育方法学』岩波書店, 1996年。『教師というアポリア——反省的実践へ』世織書房, 1997年。『専門家として教師を育てる——教師教育改革のグランドデザイン』岩波書店, 2015年。

伊藤美奈子 〔第5章〕

　京都大学大学院教育学研究科博士課程修了，博士（教育学）

　現職：奈良女子大学研究院生活環境科学系臨床心理学領域教授

　主著：『思春期の心さがしと学びの現場』北樹出版，2000年。『不登校——その心もようと支援の実際』金子書房，2009年。『不登校の理解と支援のためのハンドブック』（編著）ミネルヴァ書房，2022年。

高井良健一 〔第6章〕

　東京大学大学院教育学研究科博士課程修了，博士（教育学）

　現職：東京経済大学全学共通教育センター教授

　主著：『教師のライフストーリー——高校教師の中年期の危機と再生』勁草書房，2015年。『「協働の学び」が変えた学校——新座高校学校改革の10年』（共編著）大月書店，2018年。『子どもと教師のためのカリキュラム論』（共著）成文堂，2019年。

岩田一正 〔第8章〕

　東京大学大学院教育学研究科博士課程修了，博士（教育学）

　現職：成城大学文芸学部教授

　主著：『教育メディア空間の言説実践——明治後期から昭和初期までの教育問題の構成』世織書房，2018年。『子どもと教師のためのカリキュラム論』（共著）成文堂，2019年。『山の手「成城」の社会史——都市・ミドルクラス・文化』（分担執筆）青弓社，2020年。

小国喜弘 〔第9章〕

　東京大学大学院教育学研究科博士課程修了，博士（教育学）

　現職：東京大学大学院教育学研究科教授

　主著：『民俗学運動と学校教育——民俗の発見とその国民化』東京大学出版会，2001年。『戦後教育のなかの〈国民〉——乱反射するナショナリズム』吉川弘文館，2007年。『戦後教育史——貧困・校内暴力・いじめから，不登校・発達障害問題まで』中公新書，2023年。

浅 井 幸 子　　〔第 10 章〕
<ruby>浅<rt>あさ</rt></ruby> <ruby>井<rt>い</rt></ruby> <ruby>幸<rt>さち</rt></ruby> <ruby>子<rt>こ</rt></ruby>

　東京大学大学院教育学研究科博士課程修了，博士（教育学）

　現職：東京大学大学院教育学研究科教授

　主著：『幼年教育者の問い』（幼児教育知の探究 3）（共著）萌文書林，
　　　2007 年。『教師の語りと新教育――「児童の村」の 1920 年代』東
　　　京大学出版会，2008 年。

小 田 郁 予　　〔Column ⑧，資料〕
<ruby>小<rt>お</rt></ruby> <ruby>田<rt>だ</rt></ruby> <ruby>郁<rt>いく</rt></ruby> <ruby>予<rt>よ</rt></ruby>

　東京大学大学院教育学研究科博士課程満期退学，　博士　（教育学）

　現職：早稲田大学大学院教育学研究科専任講師

　主著：「子どもケース会議における合意形成の過程――教師の権利・
　　　義務・責任をめぐるディスコース分析」『学校教育研究』37，2022
　　　年。「子ども支援をめぐる教師間協働における多様な役割遂行――
　　　立場や経験の異なる教師間の協働はどう達成されたか」『日本教師
　　　教育学会年報』32，2023 年。

INFORMATION

本書の目的　本書は，教育職員免許法施行規則にある「教職の意義及び教員の役割・職務内容（チーム学校への対応を含む。）」のテキストです。歴史的視点に加えて，近年の新たな教育改革動向もふまえたバランスのとれた内容となっています。教師をめざす人，学校教育について考えようという人，そして教職をあらためて振り返りたいと考えている教師のみなさんに向けた，最適の一冊です。

本書の特色　初学者にも具体的に教師の世界をイメージできるよう，教師の生きた姿を記述しながら論じています。教師を外側から学問理論によって解説するのではなく，教師が現実に生きている日常世界という内側から記述して意味づけることを中心にすえ，授業をデザインする教師の日日の実践を豊富な事例からわかりやすく解説しています。また，教職を考える上で核となる概念や本質的な見方についても解説を加えています。

キーワード　章扉の下部には「本章のキーワード」として，その章でキーとなるタームを示し，本文中での初出の箇所をゴシック体で表記しています。

Column　教師は小説やテレビ，映画などのさまざまなメディアにおいて取り上げられてきています。そこには学校の現実だけではなく時代が求める教師像や教育言説があります。各章のコラムでメディアの中の教師としてそれらを取り上げました。また，第3版化にあたって先進諸国の教員免許制度に関する新規コラムも追加しました。

読書案内　章末には，その章の学習をさらに深め，発展させる上で参考になる図書を示し，簡単な解説をつけました。

文献表示と引用・参考文献一覧　本文中の引用・参考文献の出所は，巻末に，五十音順ーアルファベット順で載せています。本文中では，（著者名［出版年］）で表記しています。

●その他，関係法規などの補足資料を，有斐閣 HP 内の書誌情報ページにて提供いたします。下記 URL や右の QR コードからご覧いただけます。
https://www.yuhikaku.co.jp/books/detail/9784641222335

Column 一覧 〜〜〜〜〜〜〜〜〜〜〜〜〜〜〜〜〜〜〜〜〜〜〜〜〜〜〜〜〜〜〜

(写真提供：東京大学教育学部附属中等教育学校)

　「教師」という言葉を聞いて，みなさんはどのようなことを思い浮かべるでしょうか。学校で教わった教師の姿を思い浮かべることが多いでしょう。あるいはテレビドラマや漫画，小説などに出てくる熱血教師の姿でしょうか。教師という仕事はどのような活動や要素から成り立ち，どのように組織され行われているのでしょうか。教師にはどのような知識や技能が求められるのでしょうか。本章では，教職という職業の特徴を考えてみたいと思います。

◈本章のキーワード◈　　令和の日本型学校教育，知識基盤社会，専門家，教育職員免許状，無境界性，ジレンマ・マネージャー，感情労働，再帰性

1 専門家としての教師

社会から期待されている仕事　日本の幼・小・中・高等学校等に勤務する教師の数は，現在約 122 万人です（幼稚園 8 万 5432 人，認定こども園 14 万 2281 人，小学校 42 万 4297 人，中学校 24 万 7485 人，高等学校 22 万 3246 人，中等教育学校 2829 人，特別支援学校 8 万 7869 人：「学校基本調査」2023 年 5 月 1 日調べ）。総人口の約 100 人に 1 人，20 歳以上人口の約 100 人に 1.2 人が教師という計算になります。この意味では，専門家として働く人の中でも大きな割合を占めている職業といえます。

　教育基本法第 9 条には以下のように書かれています（この内容は旧教育基本法では第 6 条 2 項にあたります）。

> ①　法律に定める学校の教員は，自己の崇高な使命を深く自覚し，絶えず研究と修養に励み，その職責の遂行に努めなければならない。
> ②　前項の教員については，その使命と職責の重要性にかんがみ，その身分は尊重され，待遇の適正が期せられるとともに，養成と研修の充実が図られなければならない。

　公的な責任を社会から与えられている職業であると同時に，身分が保障されている職業ともいえるでしょう。時代によって教師への尊敬や信頼のあり方は変わってきているとしても，将来を担う子どもたちを育てていくという点で，社会から大きな期待が寄せられている職業といえるでしょう。

　2022（令和 4）年 12 月に中央教育審議会から出された答申「『令

和の日本型学校教育』を担う教師の養成・採用・研修等の在り方について」では，「これからの教員に求められる資質能力」について次のように述べられています。

- 「令和の日本型学校教育」を担う教師の姿は，①環境の変化を前向きに受け止め，教職生涯を通じて学び続けている，②子供一人一人の学びを最大限に引き出す教師としての役割を果たしている，③子供の主体的な学びを支援する伴走者としての能力も備えている。
- 教職員集団の姿は，多様な人材の確保や教師の資質・能力の向上により質の高い教職員集団が実現し，多様なスタッフ等とチームとなり，校長のリーダーシップの下，家庭や地域と連携しつつ学校が運営されている。
- また，教師が創造的で魅力ある仕事であることが再認識され，志望者が増加し，教師自身も志気を高め，誇りを持って働くことができている。

上記を踏まえると，これからの教員に求められる資質能力は以下のように整理される。これらは，それぞれ独立して存在するのではなく，省察する中で相互に関連し合いながら形成されることに留意する必要がある。

① 教職に対する責任感，探究力，教職生活全体を通じて自主的に学び続ける力（使命感や責任感，教育的愛情）

② 専門職としての高度な知識・技能

- 教科や教職に関する高度な専門的知識（グローバル化，情報化，特別支援教育その他の新たな課題に対応できる知識・技能を含む）
- 新たな学びを展開できる実践的指導力（基礎的・基本的な知識・技能の習得に加えて思考力・判断力・表現力等を育成するため，知識・技能を活用する学習活動や課題探究型の学習，協働的学びなどを

デザインできる指導力，特別な配慮や支援を必要とする子どもへの対応，ICTや情報・教育データの利活用）

・教科指導，生徒指導，学級経営等を的確に実践できる力

③　総合的な人間力（豊かな人間性や社会性，コミュニケーション力，同僚とチームで対応する力，地域や社会の多様な組織等と連携・協働できる力）

情報化社会，**知識基盤社会**とよばれるように，知識が重視されその内容が新たなものへと変わっていく変化の激しい社会に対応し，その社会が求める知識や技能を子どもたちに教えるためには学び続けていくこと，情熱や人格は必要であるがそれだけでは十分でなく，**専門家**としての確かな力量が授業をするために必要であること，そして教師は教室では一人で授業をするが，同僚とともに子どもを育て，学校を創っていくことが期待されていることがこの文章からもわかります。教える技術や教えるべき教科内容の知識をいったん身につければ，あとはそれを使って決められた内容を効果的に教えていけばよいというのではなく，子どもたちに応じ，社会の変化に応じつつ，同僚とともに学び続け専門的力量を確かなものにしていくことが求められているのです。

他の職業との違い　　日本の場合には，教師になるためには医師の国家試験や弁護士の司法試験のように国家試験を受けて資格を取得するのではなく，大学や短期大学の教職課程で資格取得に必要な科目の単位を取得することによって，**教育職員免許状**をとることができるという免許状主義をとっています（詳細は巻末の教育職員免許法を参照のこと）。そして資格をとり各都道府県教育委員会が実施する公立学校教員採用選考試験や私立学校が

実施する採用試験を受けて合格することによって，教師になる道が拓けます。

　一般の公務員採用試験では競争試験を原則として採用していますが，教員の採用は学力や経験，人物などの一定の基準と手続きで職務を遂行できる力があるかを審査する「選考」という方法で選んでいます。これは他の仕事と違って専門的資格と人格的要素を重視しているからです。そして任命採用され配属された学校では，初年度には初任者研修を受けて，指導教員から助言をもらったり各自治体のセンターでの研修などを受けたりしながら教壇に立つことになります。

　教壇に立ったその日から，生徒からは「先生」とよばれて一人前の教師として扱われ，授業を行う点ではベテラン教師とまったく同じ仕事を行っていく責任が与えられます。多くの仕事場では若いうちは先輩と机を並べて他者の仕事を見て学ぶ機会がありますが，教師の場合は先輩の授業を見る機会がそれほど多いわけではありません。新任教師でも担当教室を与えられれば，その授業については全面的責任を任されます。このことは，やりがいのある仕事であるともいえる反面，職場の構造上，空間として他者の仕事を見る機会の少ない閉鎖性から，教師が学級王国を形成し，自分の力を過信して保守傾向に走る危険性もまた兼ね備えているといえます。

　多くの会社や役所等の組織では，係長，課長，部長などというように職位が細分化し階層化され，職業経験や所属部署により担当する仕事の性格が変わっていきます。つまり，分業体制によってどの部署につくかで仕事の内容は異なっています。これに対し，校長の民間からの任用というごく一部の例外を除けば，学校では校長・副校長・教頭・主幹教諭・主任教諭という職階はありますが，校長も

教員免許状をもち教壇に立って教師として教えていた経験をもっており，生徒を教え育てる点では同じ仕事を生涯繰り返し行っているということができます。教職とは，この経験の積み重ねの中で，専門家としての豊かな力量を身につけていくことのできる仕事であるともいえるでしょう。

　教職とは，毎年多くの生徒との出会いがあり，そこから学ぶことのできる仕事です。学校の中で3年なり6年間にわたって生徒たちの成長に立ち会っていくことができる仕事といえます。そして生徒にとっても，一人の教師との出会いが成長にとってプラスにも，時にはマイナスにもなる大きな影響力をもっています。

2 教職という仕事の性格

金田先生の1日

では教師の仕事とは，どのような性格をもっているのでしょうか。今度は学校の内側から教師の仕事を見ていくことにしたいと思います。まずある一人の中学校教師の1日を見ながら，教師という仕事の特徴について考えていきましょう。

　公立K中学校に勤務する30代半ばの金田先生（仮名）は，毎日朝7時40分頃に登校します。玄関前には担当の生徒たちが世話をしている草花の鉢が並べられています。そして正面玄関には，この学校の生徒たちが部活動で獲得したトロフィーや賞状が飾られています。部活動に熱心な学校であることがわかります。

　部活動の朝練習に来ている生徒たちの声が，体育館から聞こえてきます。職員通用口を通り，1階の職員室へと向かいます。職員室

にはすでに教頭をはじめ，何名かの同僚教師たちが来ています。同じ学年の教師と連絡事項や昨日の出来事などについて，しばらく言葉を交わしたあと，パソコンに向かって保護者会の連絡資料を打ち出します。そして印刷室へと向かいます。8時過ぎに印刷を終えると，日直の金田先生は，日誌をつけます。職員室の予定表には，びっしりと学校内での行事や会議，出張の予定等が書かれています。また教員間での連絡事項やさまざまな催しものの案内などが，掲示板に貼られています。

　8時20分。この日は全校朝会なので，校庭へと全教員が出ていきます。大半の生徒はすでに並んでいますが，中には数名の遅刻者がいます。その生徒たちに声をかけながら，早く列に入るように促します。全校朝会が終わるといったん職員室へ。そこで外からかかってきた電話に応対します。学年団の教師同士で打ち合わせをします。その後，担任学級へと向かい，朝の連絡事項を伝え，生徒の出欠を確認します。

　そして8時50分から午前中の授業が始まります。社会科を担当している金田先生は，昨日用意しておいた印刷資料と教科書をもって，担当の中学1年1組の教室へと向かいます。金田先生は，できるだけ生徒に考えさせながら歴史を学ぶ授業をしたいと考え，さまざまな補助教材や資料を自分で手づくりして準備しています。今日の内容は「中世の日本」の単元で，「モンゴルの襲来と日本」についてです。生徒たちは小学校の社会科の授業で元寇について一度は学んできていますが，正確に記憶している生徒は少なく，またなぜ勝ったのかについても暴風雨以外のことがわかっている生徒はほとんどいません。そこで蒙古襲来絵図を見て気づいたことを発表させ，絵から元軍の有利性などに気づかせながら，それにもかかわらず

「なぜ日本は勝てたのか」を問う授業を始めます。元軍の規模やアジア進出の時代変遷，北条政子の演説，弘安の役の進行状況，石塁の説明などの史料を載せたワークシートを配布し，隣同士やグループで相談し考えて発表していくよう指示します。このプリントは授業に合わせて金田先生が毎年工夫してつくっているものです。「台風のおかげだと思っていたけれど，戦争には信頼やご恩と奉公が必要であったこと」が，生徒たちの口から発言されて理解が深められていきます。まとめの時間に何がわかったかの振り返りを書かせ，授業は終わりました。

　2時間目の授業も同じ内容を取り上げます。しかし，1組と2組では学級の雰囲気も違いますし，生徒が発見していく内容にも違いが見られます。各学級の状況に応じながら授業を進めていきます。机間巡視をしながら一人で考えるのが難しい生徒にヒントを与えたりします。「日頃授業についていくのがなかなか難しいY男も，隣のA子からの働きかけでグループに参加して発言できて今日はよかった。1組のほうでも，もう少しいろいろな意見が出ると思ったのになあ」などと，先生は授業中に感じたことを参観者である筆者に話します。

　2限と3限の間の休み時間に職員室へ戻ろうとすると，廊下で前に担任をしていた学級の生徒たちに声をかけ，雑談をします。そして職員室でお茶を一杯飲むと，昨日怪我をして休んでいる生徒の保護者へ電話したり，PTAへの連絡等の対応をしていきます。そして3，4限はまた別のクラスで授業です。授業後に寄ってきた生徒の質問に答えたりしていきます。

　その後いったん職員室に戻ったあとは給食の時間です。生徒とテレビ番組の話題で笑い合いながら食事をします。そして給食後はい

ったん職員室へと戻り，提出物のチェックを始めます。すると，クラスの生徒が窓ガラスにボールをぶつけて割ってしまったことを伝えにきます。現場に直行。怪我がないことや，事情を生徒から聞いて確認したあと，生徒たちと割れたガラスを処理します。職員室に戻ると教頭にこの出来事を報告し，学校を長期欠席しているS子の家に電話をしているうちに，昼休みはもう終わりです。

　金田先生は，5限は空き時間のはずですが，出張に出た学年同僚のクラスの自習を指導しにいきます。そして6限は中1の歴史ではなく，今度は中2のクラスで世界の国々についての授業を行います。学級でのホームルームで文化祭についての話し合いが終わると，3時半からは職員会議。学校外で問題を起こした生徒の処分と市で実施された学力テストの結果について話し合います。その後5時過ぎに顧問をしている運動部の部活動の指導に行きます。生徒も帰った6時過ぎから，掲示物を貼ったり明日の資料の準備や書類づくりなどにとりかかります。そしてそれらの仕事を終えてから7時過ぎに学校を出て帰途につきました。

職場の空間と時間　　ここに紹介した金田先生の1日が教師の典型的事例というわけではありません。勤務時間も就業時間として決められているのは8時間です。けれども金田先生の1日を見ると，教師の仕事が，授業で教えるという仕事だけではなく，さまざまな要素から成り立っていることがわかるでしょう。学習指導，生徒指導，生活指導，進路指導等が含まれます。また生徒だけではなく，保護者等との関係，地域や他校との関係等，生徒をとりまく人々との関係の網の目に関わるすべてのことに，教師は関与することになります。

そして教師は，大半の時間を教室で過ごし，教室と職員室の往復を中心にして仕事をしていることがわかります。放課後にはクラブ活動の指導等もありますが，日中の仕事場としての主たる空間は教室と職員室です。そしてデスクワークよりも立って仕事をしていることが多いことも推測できるでしょう。藤田ほか［1995］の観察調査によれば，職員室でのデスクワークの割合は，中学校で34％，小学校で32％で，残り6割強の時間は立ち仕事であったと報告されています。

さらに，中学校教師の仕事時間を詳しく調べたOECD国際教員指導環境調査（TALIS 2018）の調査結果の一部を抜粋したものが表1-1です。教師の仕事が授業ならびにその準備等だけではなく多岐に渡っていること，特に日本の教師の場合には，OECD諸国平均や他の国に比べて，課外活動としての部活動の時間が中学の教師では多いことがわかります。

教師の日常の勤務時間がどのように編成されているかを見ると，他の職業の時間とは編成が異なることがわかります。授業時間という大きな時間単位で曜日によって決められて動く部分と，比較的細かな個々の対応で動く時間によって仕事が成立しています。学校とは異なる多くの職場では，昼休みの時間は仕事を休む時間とみなされています。しかし金田先生の例を見てもわかるように，朝会等が始まる前からさまざまな仕事が待ち受けており，昼も給食指導があるなど，一日中さまざまな生徒などへの対応に追われていることがわかるでしょう。登校後1，2時間と昼休み前後の時間帯に細かな業務が集中します。教育活動とは別に，学校運営全体に関わる校務分掌とよばれる仕事もそれぞれが分担して担っていますし，そのための会議もあります。

表 1-1　中学校教師の仕事時間 平均（SD）

	日本	OECD平均	韓国	シンガポール	アメリカ	イギリス
仕事時間の合計	56.0(0.4)	38.8(0.1)	34.0(0.4)	45.7(0.3)	46.2(0.6)	46.9(0.4)
指導（授業）	18.0(0.2)	20.6(0.0)	18.1(0.2)	17.9(0.2)	28.1(0.4)	20.1(0.2)
学校内外で行う授業計画や準備	8.5(0.2)	6.5(0.0)	6.3(0.1)	7.2(0.1)	7.2(0.2)	7.4(0.1)
学校内での同僚との共同作業や話し合い	3.6(0.1)	2.7(0.0)	2.5(0.1)	3.1(0.1)	3.5(0.3)	3.0(0.1)
生徒の課題採点や添削	4.4(0.1)	4.2(0.1)	2.9(0.1)	7.5(0.1)	5.3(0.1)	6.2(0.1)
生徒に対する教育相談	2.3(0.1)	2.2(0.0)	3.7(0.1)	2.4(0.1)	3.4(0.5)	2.5(0.1)
学校運営業務への参画	2.9(0.1)	1.4(0.0)	1.7(0.1)	1.4(0.0)	1.7(0.2)	2.0(0.1)
一般的な事務業務	5.6(0.2)	2.7(0.0)	5.4(0.1)	3.8(0.1)	2.6(0.2)	3.8(0.1)
職能開発活動	0.6(0.0)	1.7(0.0)	2.6(0.1)	1.8(0.0)	1.7(0.2)	1.0(0.0)
保護者との連絡や連携	1.2(0.0)	1.6(0.0)	1.6(0.1)	1.3(0.0)	1.6(0.2)	1.5(0.1)
課外活動の指導	7.5(0.2)	1.7(0.0)	2.0(0.1)	2.7(0.1)	3.0(0.2)	1.7(0.1)
その他の業務	2.8(0.1)	2.0(0.0)	1.8(0.1)	8.2(0.1)	7.1(0.1)	2.2(0.1)

（注）　教員の報告による最近の（通常の1週間）において各仕事に従事した時間の平均。
（出所）　TALIS 2018（国立教育政策研究所［2018］, 11, 12頁）より一部抜粋。

　またこのような日常的な時間の流れとは別に，非日常の各種の行事やそこへ向けての準備などの異なる時間の流れがこの中に組み込まれていきます。金田先生はクラスで文化祭に向けての話し合いをホームルームの時間や学級会活動の中に入れていました。このように行事などのハレの場と通常授業のケの場との年間サイクルで動いていることで，1日の時間の中にさまざまな仕事があると同時に長期的にもいろいろな活動の時間の流れが組み込まれているという特徴をもっています。これが行事に追われている感じを生み出すと同時に，行事が生徒の成長の一つの節目になり，日常の授業では見ることのできない生徒の異なる面を見ることができるといわれるよう

な時間の流れをつくり出しています。このようにマルチタスクでの長時間の仕事については，働き方改革として，行事の見直し等により業務時間の改善に各学校が取り組んでいます。

> 無境界性・複線性・不確実性

教師という仕事の特徴の一つとして，**無境界性**という性質を挙げることができます。

教師が引き受けるべきいずれの仕事も，どこまでやってもそれで終わりということはなく，生徒のためによりよくやろうとすると，ここまでやればよいという境界は明らかではありません。非限定的です。金田先生は授業のための教材や資料を準備していましたが，このような仕事はどこまでやればよいということはなく，その人の判断に任されることになります。仕事の無境界性と教師個々の自律性が大きな特徴です。

そして個々の仕事が無境界であると同時に，多様な種類の違う仕事を，同時に並行して担うという仕事内容の多元性と仕事時間の複線性をもっています。教師は教科の指導だけではなく幅広い指導活動に関与しています。この多元性が仕事のやりがいにもつながれば多忙感にもつながっていきます。授業や授業に関わる業務や一つの役割だけにじっくり専念することが難しく，予期しないことがいろいろ起こってきます。金田先生の例でも，授業時に生徒から集めた提出物のレポートを読もうとしたところに，ガラスを割ってしまった生徒の報告が入ることで，仕事の優先順位は変わることになりました。

複線的な仕事の流れにおける「中心性・周辺性」を考えてみると，さまざまな仕事があるという多元性と同時に，その時々に中心にすべき仕事が予期せぬかたちで変化していくことになる複線性，重層

性をもっているのが教師という仕事です。何をその時点での中心にすればよいかという順位づけを正しく判断し見積もらなければ適切な対応ができなくなり，忙^わしなさや消耗感を覚えることになります。仕事を遂行していく計画性と意外性に応じられるゆとりをもった対応が必要になります。新任から3年くらいたってようやく仕事に慣れてきた感じがすると多くの教師がいうのは，年間の流れがわかると同時に，このような複線性をもった仕事の中での順位づけと見通しがたてられるようになるのに時間がかかることを示しています。

　図1-1は，2023年文部科学省教員勤務実態調査における数値です。これは，小学校1200校，中学校1200校，高等学校300校に勤務するフルタイムの常勤教員（校長，副校長，教頭，教諭等）の，8月，10月，11月中の連続する7日間について調査を行った結果のうち，教諭の勤務を年齢別に，2016年度と2022年度の時間を比較したものです。ここからは，働き方改革によっていずれの年代でも勤務時間は減少しているということがわかります。「教諭」の平日の在校等時間は，小学校・中学校ともに，特に40歳以下の減少幅が大きいことや，有給休暇の取得日数が増加していることも報告されています。ただ，いずれの調査時期においても30歳以下の若手の年代の勤務時間が最も長いこともわかります。初任期においては，教員としての仕事を覚えていくのに時間がかかるともいえますし，よりよい授業をしたいという思いで教材研究に時間をかけているということも考えられます。また一方で30歳台〜60歳までは年代別での違いがないことからは，学校の中心となる校務分掌を担っていることや，ICTなどこれまでにない新しい教育技術の導入など教師である限り常に学び続けることが求められるからこそその忙しさもわかります。この点についてさらに詳細に業務別に分析した結果から

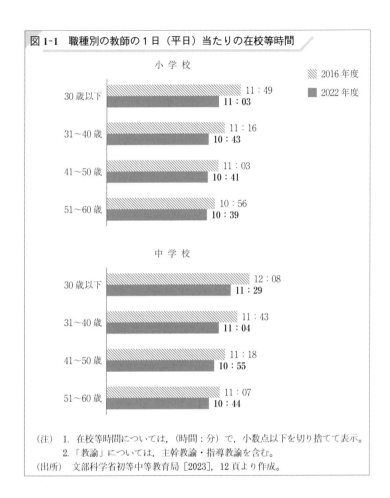

図1-1 職種別の教師の1日（平日）当たりの在校等時間

小 学 校

░░ 2016年度
▓▓ 2022年度

30歳以下
11：49
11：03

31～40歳
11：16
10：43

41～50歳
11：03
10：41

51～60歳
10：56
10：39

中 学 校

30歳以下
12：08
11：29

31～40歳
11：43
11：04

41～50歳
11：18
10：55

51～60歳
11：07
10：44

（注）　1．在校等時間については，（時間：分）で，小数点以下を切り捨てて表示。
　　　　2．「教諭」については，主幹教諭・指導教諭を含む。
（出所）　文部科学省初等中等教育局［2023］，12頁より作成。

は2016年度に比べ2022年度の平日については，主に，小中ともに「授業（主担当）」「朝の業務」ならびに小学校での「学習指導」の時間が増加し，小学校の「学校行事」「成績処理」「学校経営」の時間，ならびに中学校の「学年・学級経営」「生徒指導（集団）」の時間が減少していること，土日については，小・中学校ともに「学校行

事」，ならびに中学校の「部活動・クラブ活動」の時間が減少しているることが示されています。ここからは教師という職業がもつ無境界性・多元性・複雑性という特色によるものといえるでしょう。

またさらに，教育の仕事では個々の活動が「不確実性」という性格をもっています。授業においてもこの内容ならどの教え方が一番よいということは一義的に決まるわけではありません。何がよい教育なのかという安定した評価基準はないわけです。ある子に適した指導方法が必ずしも別の子にも適しているとは限りませんし，一つのクラスでうまくいったと思えることが，他のクラスでも同じようにうまく進むとは限りません。それだけに，創造的に挑戦し常に探求していくことができるという面をもつと同時に，達成感を得るよりも常に不全感や不安感がつきまとい，確かさを求めてマニュアルに依存したり，数値で見えるテスト結果に左右されがちといった傾向も生まれてきます。不確実性は授業の質を高めていく卓越性を常に追求し専門性を高めていくことができるという面と，他教師や他教室と比較したり，歩調を合わせたりすることで安心してしまいがちであるという両方向に向かう可能性をもつことになります。これは，授業に限られたことではありません。個々の生徒への相談や指導においても，不確実性が生まれます。一人ひとり異なる生育歴や特徴をもった生徒ですから，そこに新たな発見と同時に困難も生じます。

状況に応じて瞬時に何を中心とするかという優先順位を判断し，多元性をもつ仕事の中で活動に携わらなければならないわけです。また一つの仕事の中でも何がよいかは明確でない不確実性の中で，教育の内容や方法を選択する判断をし，複数の生徒がいつもいる集団の中で個々にとってできるだけよいと思われることを選ぶという

ジレンマ状況を越えていくことになります。この意味で教師はいくつもの多元的仕事に向き合い，また価値の不確実性をもたらす葛藤を感じつつ対処していく**ジレンマ・マネージャー**であるということができます。

3 情動的実践としての教職

感情という次元

教師の仕事はさまざまな知的判断を含む職業です。授業中には3分に1回は重要な意思決定を行っているといった報告もあります（Borko et al.［1979］）。しかし知的というだけでは教師という職業を説明することはできません。喜び，心配，願い，思い，愛情，誇り，失望，落胆，妬み，不満など，仕事に伴ってさまざまな感情が生まれてきます。そして，このような感情が教師の仕事を支え，やりがいを生み出している，認知と感情，行動が強く一体化しているということができます（Hargreaves［2000］）。どのような仕事にも感情は関わってきますが，人の成長・発達に関わる教師という仕事では，この面は特に強く現れてきます。教師の仕事が，多忙感を覚えつつも生涯続けていけるものであるのは，このような感情に支えられたやりがいをもった職業であるからだともいえます。しかし一方では教職のもつ無境界性によって，自分の感情を押し殺しシャドーワーク（影の仕事）をして相手に尽くしていくことで消耗感を覚える**感情労働**であるという一面もあります。

専門家として，生徒や保護者とどこでどのような心理的距離をとるのか，近づいたり押し殺したりと，学校の中に感情の距離の濃淡，

感情の地形図がつくられています。行事や部活動などさまざまな活動の場，悩みや進路など個人的な相談の場等が，最も生徒との感情的な距離が近くなる場です。

　感情に関わって2つの側面を指摘できるでしょう。生徒たちの発言や行動を感情をもって理解していくという面と，専門家として自分の感情に左右されないように統制し，またある場面では意図的に感情を表すというように，生徒との距離を場面に応じてとりながら専門家としてふるまっていくという面です。知的判断だけではなく，人に関わる仕事として感情を理解していく仕事が教職の専門性には含まれるということです。生徒の発言や行動を，その発言や行動の意図を含めて共感的に理解したり，情動的な側面を推察しながら応答していくことが専門家として求められます。教師から見て，問題な，困ったことと思われる行動をする生徒たちも出てきます。その時に教師という権力をもって服従させるのではなく，まず生徒の立場から共感的にその心情を理解しつつ，適切な行動に導いていくことが求められます。そしていつも気にかけていることを生徒たちに伝えていく，この意味では教師は教えるだけではなく，ケアリングの専門家であるともいえます。しかしまたその一方で，指導のために，叱ったり厳しく注意する場面の必要性も出てきます。

再帰性　「授業は，生徒の声を聴こうとし始めたら本当におもしろくなってきましたね。子どもたちの思いがけない発想や発言に目を見張るときがあります。ああ，そうだったのか。そういうときに教師という仕事は本当におもしろいと思いますね。でも怖いと思うときもありますよ。クラスをもっていると本当にその教師のカラーが出るでしょう。自分の性格

や感情が教室に現れてくる。怖いですよね」「自分が1年で担任した生徒が3年で卒業していく時に先生がいってくれたこういうことを覚えているよなんて，廊下でさりげなく声をかけてくれて，大きくなった姿を見るとうれしいですよね」。金田先生はこのようなことを自分のライフコースを振り返りながら語ってくれました。

　生徒が成長し学びの楽しさを示した時に，また教師に対する愛情を示した時に，教師は報われていると感じるということがいえるでしょう。「教師の仕事は学級に自らの心的エネルギーをつぎ込むことで，個々人の生徒に向けて希望を投資している」（Hargreaves［2000］)。

　教師の仕事はどこまでいっても終わりということはありません。しかし「教えるという仕事は投げた手に必ず舞い戻ってくるブーメランである」（Waller［1932］）という言葉があるように，心理的報酬と満足感に十分に応えてくれる仕事であるともいえますし，反対に他者から見えないところで，どこか手を抜いてしまえば，またいつかそれが跳ね返ってくる仕事ともいえるでしょう（**再帰性**)。またその心理的報酬はすぐに戻ってくるわけではないために，多忙から消耗感を覚えていくことも事実です。このようなときに支えてくれるのは，同じ経験をする同僚であるといえるでしょう。

　人を育てる仕事としての教師の仕事は具体的にどのようなものであり，いかなる専門性が発揮されるのか，どのように授業やカリキュラムを創るのか，生徒を育てる専門家として，時代の中で教師は実際にこれまでどのように生きてきたのか，そしてこれからどのように生きていくのか，その具体的内容について，次章以降で順に考えていきたいと思います。

❖読書案内❖

①佐藤学『教師というアポリア——反省的実践へ』世織書房，1997
　年。
　教師という仕事のもつ性格とその背景となる教育学理論を紹介し
ている学術書。

②リンダ・ダーリング - ハモンド（著）／秋田喜代美・藤田慶子
　（訳）『よい教師をすべての教室へ——専門職としての教師に必須
　の知識とその習得』新曜社，2009 年。
　全米教育アカデミーが教師は専門職として何を学ばなければなら
ないかをのべた報告書。

③アンディ・ハーグリーブス（著）／木村優・篠原岳司・秋田喜代
　美（監訳）『知識社会の学校と教師——不安定な時代における教
　育』金子書房，2015 年。
　知識社会において現代の教師が直面する問題を解明し，制度の制
約の中で生きていく教師のあり方を社会学の視点から論じている。

④アンディ・ハーグリーブス・マイケル・フラン（著）／木村優・
　篠原岳司・秋田喜代美（監訳）『専門職としての教師の資本——
　21 世紀を革新する教師・学校・教育政策のグランドデザイン』
　金子書房，2022 年。
　「専門職の資本」という観点から 3 種類の資本を考え，教師や学
校がいま直面する現状を取り上げ，教職の魅力を取り戻すために何
ができるかを考えることができる。

Column ①　絵本『からすたろう』の「磯部先生」 ∽∽∽∽∽∽∽∽

　『からすたろう』は戦前の尋常小学校での一人の子どもと教師の
出会いを描いた絵本です。この絵本は，日本で出版される前にアメ

リカで出版され，絵本で最も栄誉あるコルデコット賞の次賞を受賞し，アメリカから逆輸入されて日本語や中国語に翻訳され，今も版を重ね読み継がれている絵本です。アメリカに居住していた作家，やしまたろうが自分の恩師のことを思い出して描いた作品です。

「ちび」とよばれる子どもは，教師の権威を恐れ，授業での学習に参加できず，教師から見放されていきます。ちびは授業中に天井や窓の外を眺めたりと，授業中に退屈をしのぐすべを自分で考えていきます。友達からも「うすのろ」や「とんま」とラベルを貼られ，のけものにされていきます。このつらい状況の中で，ちびは嫌なものを見ないようにしているうちに薮睨（やぶにら）みになっていきます。しかし，小6のときに転任してきた磯部先生は，これまでの教師とは違っていました。子どもたちをつれて戸外に行く中で，磯部先生はちびが自然に関するさまざまな事柄を実によく知っていることを見出していきます。彼の絵や習字の作品が下手でも認めて掲示し，ちびと対話を始めます。磯部先生は，ちびが山奥から学校に毎日休まずに来ていること，登下校でからすの声を聴き，鳴きまねが上手なのを知り，学芸会で彼がからすの鳴きまねをする出番をつくります。さまざまなからすの声を鳴き分けるちびの技に周囲の人は驚き，彼を見る目はこの時から変わっていきます。「ちび」から「からすたろう」と呼び名が変わり，卒業後も彼がからすたろうという名に自信と誇りをもって生きていく姿が描かれています。

一人の教師が学業に限らず子どもの優れた点を見出し，その子らしい行動に意味を与えることで，周囲の人との関係が変わり，子どもが生き生きと生きていく様は，時代を越え国境を越え訴えかけるものだといえるでしょう。現在も版を重ねているのがその証拠です。教師は人と人をつないだり引き裂いたり，子どもをめぐる人々のまなざしをつくりだす重要なアンカーポイント（投錨点）であるのです。

（参考文献：やしまたろう〔文・絵〕『からすたろう』偕成社，1979年）

第 2 章

授業をつくる

　みなさんは幼い頃「学校ごっこ」をして遊んだ経験はありませんか。たいていは授業場面で，先生役と生徒役がいて……という設定だったのではないでしょうか。授業は学校教育において中心的な活動であり，教師と生徒がともにいることで営まれていることは，私たちの社会において個別の経験を超えて広く認知されています。本章では，授業に関する教師の仕事を「授業のデザイン」ととらえた上で，授業のデザインにあたり教師が考えていることの具体例を示します。さらに授業のデザインという仕事を支える教師の知識はどのようなものか，教師はどのようにその知識を身につけていくのか，を考えていきます。

◈本章のキーワード◈　　授業のデザイン，学びの履歴，ジレンマ・マネージャー，教室談話，マネージメント，授業についての知識

私たちは，小学校に入学してから大学生になるまで，約1万数千時間の授業を受けています。その中で，生徒の立場から教師の仕事を観察し，教職についての知識や信念を得ています。大学生と現職教師を対象に「教えること（授業，教師）」のイメージについて調査した秋田（[1995]，[1996]）によれば，大学生では，授業は「伝達の場」であり「筋書き通り」に進み，教師は「伝達者」であるととらえる者が多く見られました。それに対して，現職教師では，授業は子どもと「共同作成する場」，教えることは「未知の展開」への対応で，教師は「支え手」であるととらえる者が多く見られました。教わる側と教える側の，このような授業の見方の違いはどうして起こるのでしょうか。本章では，教師の側から見ると授業がどう見えるのか，できるだけ具体的に探ってみたいと思います。

1 授業の構成

ある授業から

ある授業の一場面を紹介します。小学5年の社会科「日本の水産業」の授業です。

　この日は，ハマチ養殖の仕事を主題とする課題解決が行われていました。子どもたちの手元には「ハマチ養殖の秘密を発見しよう」という見出しのワークシートが配られました。このワークシートには，ハマチ養殖の仕事の4つの場面のイラストが養殖の作業手順とはまったく無関係に配置されていました。それぞれのイラストには説明文が付されていましたが，所々が空欄になっていました。子どもたちには，養殖の作業手順に従ってイラストに番号を付すこと，空欄を埋めて説明文を完成させること，が課題として求められてい

ました。

　表 2-1 に示したのは，養殖ハマチの出荷をめぐるやりとりです。
説明文は「……いよいよ出荷です。でも，心配なのは，　　　　　　　」
となっており，子どもたちは，「心配なのは，」の後にどのようなこ
とばを続ければよいか考えています。「養殖ハマチの出荷に際して
生産者が心配していることは何かを考える」という課題に取り組ん
でいるのです。教師は，ハマチ養殖の仕事について「心配なのは」
の主語にあたる「生産者」の立場から課題解決を進めたいと考えて
いました。この教師は，養殖漁業に限らず社会科の産業学習では
「働く人の姿に気づかせたい」と日頃から考えていたのです。

　当初，子どもたちは，「誰にとって」心配なのかがよくわからな
いようでした。裕一や俊樹，隆太が意見を述べていますが，どれも
心配をしている主体が誰なのか，ということについては曖昧なまま
でした。

　一時の中断をはさんで再開された授業の冒頭で，教師は俊樹の発
話を引用して「食べられるかどうかっていうのはね，どういうこと
なの？」と先ほどとは異なったかたちで発問をしています。裕一は，
前半と同じく「腐る」にこだわりをもっているようです。続いて，
隆太は「なんか，毒っつうか，食中毒っつうか」と自らの考えを語
り始めました。隆太の一連の発話は「食べた人が食中毒を起こして
死ぬと育てた人は犯罪者となる」と，「消費者」の立場として一貫
性をもった意見でした。しかし，教師が想定していた「生産者」の
立場からのものとは対立しています。

　教師は，隆太の発話一つひとつに応答し，対話を続けました。教
師は少しずつ隆太の発話を生産者を主語としたものに言い換えよう
と試みますが，隆太は自分の「消費者」からの発想を変えることは

表 2-1 「ハマチ養殖」20′46″〜24′40″のトランスクリプト

分′秒″	教　師	裕　一	隆　太	そのほかの子ども
20′46″	いよいよ出荷で何が心配なんだろう？			
20′48″		腐る？		
20′49″	腐る？			
20′59″				俊樹：食べられるか。
21′01″	食べられるかどうか。			
21′02″			痩せる。へへへ。	
21′03″	何が？			
21′04″			ハマチ。へへへ。	
21′08″	ハマチが食べられるかどうか。			
21′16″	心配。何が心配なんだろうか。			
21′24″		魚が死んじゃってないか。		
21′27″	ああ，死んじゃってないか？			

[中略：この間，教室下のプールでダンス用の音楽が流れると，子どもたちはそちらを注目し始め，授業は中断する]

分′秒″	教　師	裕　一	隆　太	そのほかの子ども
22′03″	えっと，食べられるかどうかっていうのはね，どういうことなの？			
22′09″		腐ってる。		
22′14″	腐ったら，食べられないことは？			
22′15″			なんか，毒っつうか，食中毒っつうか。	
22′16″	起こしてたら，どうなるの？			
22′18″				律子：死ぬ。
22′19″			死ぬっつうか。	
22′20″	誰が？			
22′21″			オレ。食べた人が。	
22′27″	育てた人たちにとってはどうなるの？			
22′33″		つくった意味が……。		
22′35″			犯罪っていうか。	
22′42″	つくった意味がない。			
22′47″	そういう魚だったら。もってったらだめだってことがわかったら。どうするわけ？　出荷できるの？　できない。			
23′23″	市場へ運べないってことは，その魚は？			
23′27″		育てた意味がない。		
23′30″	育てた意味がない。どうしようっていうと？			
23′31″			捨てられちゃうの。	
23′36″	ここまで育てるために，費用がかかってる。ねえ。儲けようと思うのに売れないんじゃあ。心配なのはそういうことなんですね。魚のね。			
23′56″			心配なのは，えーっと。	
24′01″	魚が食べられるのか，売れるかどうか，ですね。売れるようになるかなのね。			
24′40″			じゃあ，心配なのは魚が売れるか？	

ありませんでした。そこで，教師は裕一の「つくった意味が……」というつぶやきを確認して，隆太の発想と結びつけることにより，やりとりの流れを変えようとします。「食中毒を起こすような魚だったら出荷できない。だとすれば生産者にとってはどうだろうか」という問いに切り替えています。「出荷」ということばを取り上げることで「生産者」の立場を強調しています。ここでの教師の問いを受けて，隆太は，「じゃあ，心配なのは魚が売れるか？」と生産者の立場に立った発想を発話しています。

授業を構成しているもの　ある授業の一場面を紹介しましたが，授業がどのようなものから構成されているのかを考えてみましょう。

　第1に，「学習者」です。事例では，隆太と裕一が主に発話していますが，学級は隆太，裕一をはじめとする具体的な固有名をもった子どもの集まりです。それぞれに固有の生育史や学習経験を抱えています。学習者は決して一律ではありません。第2に，「教師」です。子どもが養殖漁業をめぐって思考をはたらかせ，理解を深めることを助ける問いを発したり，子どもの発話に応答するなどして，授業を進行させています。第3に，授業の「目標」です。「目標」は，その授業においてすべての子どもが到達することがめざされる状態です。この授業では，「養殖漁業に従事している人々の努力や工夫に気づくこと」が目標になっています。その目標にアプローチするために，この場面では「養殖ハマチの出荷に際して生産者が心配していることは何かを考えること」が学習課題として設定されていました。第4に「教材」です。子どもがハマチ養殖の仕事内容について理解を深め，ハマチ養殖の手順を認識し，その時々での生産

者の活動や思いに気づくために教師はワークシートを用意し，教科書も活用しながら子どもの学習を支援しています。第5に，教師の「願い」です。教師は，授業を通して子どもにどのように育ってほしいか，教師としてどのような授業を行いたいかについての願いをもって授業をつくります。この授業では，「みんなの前で自分の意見を自信をもって発表してほしい」という願いをもっていました。それもあって，子どもたちの発話を基本的には受容しています。「願い」は「目標」とは重なる部分もありつつ別のものです。「願い」は授業で子どもたちが到達すべきゴールではなく教師として授業の中で大切にしたいと考えている物事や子どもの成長に対する期待です。

　これらの5つのことがらは，相互に関連し合いながら授業を構成しています。たとえば，隆太がはじめから「生産者」の視点から意見を述べていれば教師はこの課題解決にここまで時間をかけず，次の活動にとりかかったかもしれません。また，自分の発言に自信をもってほしいという願いをもっていたからこそ隆太とのやりとりを丁寧に進めたと考えることもできます。

　さらに，ここでの授業展開は教室外から聞こえた放送によって一時中断していますが，その前後で授業の様子が異なっています。教師は前半部分での俊樹の「食べられるか」を引用しながら，あらためて子どもへの質問をし直しています。いわば，この中断があったからこそもう一度仕切り直すことができたのかもしれません。

　このように考えると，授業はその場におけるさまざまな事柄の関わり合いによって成り立っており，時々刻々とその様相を変えていることが想像できると思います。

では，このような複雑性をもった授業における教師の仕事とは，いったいどのようなものなのでしょうか。本章では，さまざまなできごとが絡み合い，時間の流れの中でその様相を変えていく，まるで生きているように見える授業における教師の仕事を**授業のデザイン**ととらえます。デザインということばからは，「事前の計画」という印象を受けるかもしれません。ここでは，「デザイン」ということばをもう少し広い意味にとらえたいと思います。授業に関する教師の仕事は，授業の計画をたて（plan），授業を行い（do）そして評価する（see）という作業に分けられるとしばしば考えられてきました。「授業を行う」ことは，事前の計画（plan）を実現する（do）ものとしてみなされていたのです。しかし，実際には単に計画をそのまま実施に移したものではありえず，実際に行ってみなければどう展開するかわからないような複雑で未知のものなのです。授業のデザインという考え方は，このような複雑性や曖昧性を授業の本質であるとする授業観に根ざしています（藤岡［1998］）。授業を行うという教師の仕事は，教師があらかじめ立てた計画通りに子どもを操作し動かすことではありません。子ども一人ひとりの学びの道筋を大切にしながら，それらを編み上げる作業です。編み上げてはほどき，ほどいてはまた編み上げる作業が授業前でも，授業中でも，授業後でも不断に続けられます。

　授業をデザインすることをめぐる教師の仕事は数多く考えられますが，以下では，とりわけ重要であると考えられる，「テーマを設定する」「コミュニケーションを組織する」「認識を共有する」という３つの点について考えてみたいと思います。

2 授業のデザイン

　授業は，テーマをめぐって展開されるコミュニケーションを通して，参加者間で認識が共有される過程であるといえます。授業の過程における教師の仕事を「テーマを設定する」「コミュニケーションを組織する」「認識を共有する」という3点からとらえることができます（表2-2）。

テーマを設定する

授業は具体的な学習のテーマをめぐって教師と生徒，生徒同士が対峙する場です。

　テーマは，科学や芸術など人類がこれまでつくりあげ蓄積してきた文化遺産の継承や発展，市民生活を遂行するために必要な知識や規範の習得などに向けた，教科や単元などの教育内容の選択とその計画を踏まえた上で設定されます。教育内容の計画は「教育課程」とよばれます。日本において教育課程の基準となっているのが「学習指導要領」です。これはあくまでも基準であり，そのままでは実際の授業のデザインには供することができません。教師は，地域や学校の特性，子どもの実態を十分に考慮して具体的な教育課程の編成や運用を考えなくてはなりません。これは「学校カリキュラム」ともよばれます。通常は，教師は学校カリキュラムを基盤にして授業を計画します。教師は，テーマを設定するために，次のことをしています。

　(1)　「目標」と「願い」を明確化する

　先に見たように，授業デザインにおいては，学習指導要領や子ど

表 2-2　授業デザインと教師の仕事

1. **テーマを設定する**
(1) 「目標」と「願い」を明確化する
・授業の目標，教師自らの願いと子どもの願いや欲求とをすり合わせる
(2) 子どもの事実から考える
・授業前に把握できる事実：既有知識，学習経験
・授業における子どもの姿：授業参加への思い（学習内容への関与，学習環境の構成）
(3) 子どもや学校を取り巻く環境を踏まえる
・人的環境
　学校内：教師と学習集団のメンバーとしての仲間
　学校外：地域の人的資源，専門家集団
・物的環境
　学校内：学校の施設や備品，アクセスできるメディアや情報，ものや空間の配置
　学校外：公園，学習用施設の設置状況，地勢，歴史，行政，産業構造，など
・職場環境：同僚，管理職の理解と協力

2. **コミュニケーションを組織する**
(1) 教室談話の 3 つの機能（Cazden [1988]）に基づく支援
・子どもの学習：教室談話は，その授業で何が教えられ何が学ばれているのかを示す
・子どもの関係づくり：教室談話は，教室の集団における関係をつくる
・子どもの自分づくり：教室談話は，授業参加者のアイデンティティや態度を示す
(2) 教室談話のマネージメントを行う
・参加者間での意思のぶつかりを調整する

3. **認識を共有する**
(1) 子どもなりの論理につきあう
・その子どもなりの経験や授業参加のあり方に気づく
・その子どもなりの論理の言語化を促す
(2) 課題解決を方向づける
・課題解決のモデルを示す・学習内容と子どもの経験や思考をつなげる
(3) 子どもの発話を復唱し学級での共有を図る
・一人ひとりの思考をつなげる
・自分の意見の再吟味を促す

(出所)　藤江 [2010] を一部修正。

も，学校，地域の実態に応じた「目標」へとアプローチするために
テーマや課題が設定されます。さらに教師は，教科の学習や教材と
の出合いを通して，子どもにこういう人間に成長してほしいとか，
こういう物事の考え方や感じ方を身につけさせたいという「願い」
をもちます。たとえば，文学教材を通して物語を読み味わう楽しさ
を実感してほしいとか，理科の実験を通して仲間と協働して課題を
追究することのよさに気づいてほしい，といったものです。授業は
教師の教育的価値観を実現する中核となる営みでもあるのです。し
かし，「願い」は教師からの一方向的なものではありません。子ど
もも一人ひとりが願いや欲求をもって授業に参加しています。教師
は，子どもなりの願いを見出し，目標や教師自らの願いとをすり合
わせながら授業をデザインします。

⑵　子どもの事実から考える

　授業をデザインする主体は教師ですが，学習の主体は子どもです。
教師には子どもの学習や発達を支援する責任があります。子どもの
学習や発達，関係性など，子どもの事実の様相を把握しつつ授業を
実施するという意味で，授業は教師と子どもの共同作品です。では，
子どもの事実から考えるとは，具体的にはどのようなことを指すの
でしょうか。

　①事前に予測できる子どもの事実　　教師にとっての子どもの事
実とは，次の2つに大別できます。一つは，授業前に把握したり予
測できることです。子どもがこれまでどのような学習経験を積んで
きたのか，ということはその一つです。学校教育に限定すれば，そ
れまでの学年のカリキュラムが目安になります。子どもの学習経験
は狭義には既有知識，つまりこれまでに獲得してきた知識や技能の
有無やその質によって表されます。しかし，子どもの学習経験は単

に，知識や技能に関することだけではありません。子どもは授業において さまざまなことを経験しています。それは教師が教えたつもりのこととは異なっているかもしれません。また，たとえ一斉授業であっても子どもは一律に同じ経験をしているわけではありません。教師が教えたことと子どもが学んだことは必ずしも一致していないという前提に立つ必要があります。つまり，子どもの学習経験は教師があらかじめ立てた授業計画ではなく，子どもなりに教材や教師，仲間とどう関わったかを反映しています。このようなことから，今日，カリキュラムは広く学習者の「**学びの履歴**」ととらえられています（第4章参照）。また，授業前に把握できる事実には，子ども同士の人間関係や行動傾向，学習動機など授業への参加の特性なども含まれます。個別的，個性的なあり方を示す子どもなりの参加の姿を念頭において当該の内容とどう出合わせるか，関わらせるかを教師は考えています。

　②授業における子どもの事実　　子どもの事実の二つ目は，授業が行われているその場にいる子どもの姿です。先の事例において隆太が示したように，一斉授業であっても子どもなりのやり方で課題と関わり，授業のコミュニケーションへと参加しています。先に述べた授業における経験の個別性は，子どもがそれぞれ異なった思いをもって授業に参加していることによります。教師が願いをもって授業をデザインするのと同じように，子どもも自分の思いに基づいて学びをデザインしようとしているのです。

　子どもの思いとは具体的にどのようなものを指すのでしょうか。一つには，教育内容や教材にどのように関わりたいかということです。たとえば，物語文の登場人物の言動をどのように解釈するか，理科の観察や実験においてどこにこだわるか，子どもは自分なりの

感じ方や発想で解決し，表現しようとします。子どもなりのアイデアは即興的にひらめくように見えるものでも，たいていの場合はそれまでの学習経験や生活経験の影響を受けています。もう一つは，自らの学習環境をどのように構成したいかということです。ここでいう学習環境の構成とは，他者との関わりや，教室空間での身のおき方，ものや情報の配置をデザインすることです。一人でじっくりと課題に取り組みたい子どももいるでしょうし，集団で議論しながら課題解決を進めたい子どももいるでしょう。自分の席でやりたい子どももいるでしょうし，図書館で本を調べながら，あるいは床で車座になって話し合いたい子どももいるでしょう。学習環境の構成は，他者との関係性だけではなく，課題にどう取り組みたいと考えているか，どのような課題に取り組むかにもよります。

　③子どもの事実への対応　　教師はこういった子どもの事実を踏まえ，どのようにテーマを設定するのでしょうか。一つには，テーマが子どもの知的発達を保障するものであるかどうかに留意します。子どもなりの発想や課題解決方法はその子どもの学びの独自性を示しますが，必ずしもテーマとして，あるいは課題追究の方法として適切であるとは限りません。たとえば，独自の「〇〇くん式」の計算問題の解き方は，その子どもなりの思考の表現とみなすことができますが，教師は，はたしてそれが数学的概念の正しい理解に基づいているのか，汎用性のある解法か，などを判断しなくてはなりません。たまたま正しい答えが出ても，計算方法として重大な誤りを含んでいるとすれば，その誤りに気づかせ誤りの修正をしなくてはなりません。ただし，近年の人間の学習に関する研究では，子どもが教室にもちこむ学校外での経験や文化に教師が敏感になり，子どもの思考のあり方や価値づけ，好みに配慮した学習活動を組織する

こと（National Research Council［2000］）や子どもたち自身が知識を構築していくこと（森［2015］）の重要性が主張されています。教師には，子どもの学習をより丁寧に観察していくことが求められているのです。

もう一つには，教師の願いと子どもの願いのぶつかりを調整します。教師が設定しようとした課題と子どもが追究したいと考える課題とが食い違う可能性もあります。その場合，教師が設定した課題解決を進めるのか，子どもの求めに応じるのか，それとも第三の道をとるのか，意思決定を迫られます。そのために教師は，提示しようとした課題の文化的価値や，それを子どもたちが学ぶことの意義，教師自身の願い，子どもの既有知識や発達課題，思いや興味関心，子どもの生活経験やその経験を支える家庭や地域の実情などに基づいて即座に判断し，調整しなくてはなりません。教師には即興的対応が求められます。授業においては教師や子ども一人ひとりがさまざまな認知的・社会的な背景をもち，さまざまな願いや思いをもちこみ，その実現を果たそうとします。時として，教師も含む授業参加者の多様な意思が互いに交錯しぶつかり合います。教師であり教育学者でもあるランパートは，教室はさまざまな目標が網の目のように絡まり合うジレンマ状況であり，教師はその中でやりくりをしていく**ジレンマ・マネージャー**であると指摘しています（Lampert［1985］）。さまざまな思いが交錯する状況においてテーマを設定していく教師は，まさに，ジレンマ・マネージャーであるといえるでしょう。

(3) 子どもや学校を取り巻く環境を踏まえる

教師は，子どもや学校を取り巻く環境についても考慮します。ここでは人的環境と物的環境の2つを考えてみましょう。学校の内外

にどのような人がいて，どのような空間が用意され，ものが配置されているのか，アクセス可能な情報はどういったものかということを把握し，これらと子どもとをどのように関わらせたいかについて考えます。

　まず，人的環境について考えてみましょう。学校内における人的環境は，教師と学習集団のメンバーとしての仲間です。教師は，教師や仲間とどのように関わりながら学習を進めさせるのかによって学習集団の編成を考えます。たとえば，子どもが自分なりのやり方で課題と関わり，追究することを保障したいと考えるのであれば個別学習のかたちをとるでしょうし，仲間と協働的に学習を進めることを願うのであれば班などの小集団学習のかたちをとるでしょう。また，教師を介したやりとりを通して学級全体で認識を共有することをめざすのであれば，一斉授業のかたちで進めます。学習形態の設定は，その時の学習内容にもよりますし，教師が子どもにどのように学習を進めてほしいと願っているのかにもよります。

　学校外の人的環境としては，地域の大人や学校外の専門家が考えられます。たとえば，総合的な学習の時間に学校外の大人をゲスト・ティーチャーとして招き，授業に参加してもらうという取り組みが見られます。それは，子どもの保護者であったり，地域の住民，あるいは何らかの専門家である場合もあります。教師の経験や知識，技能ではカバーできない専門的な知識や技能をもった人たちにも授業に参加してもらうのです。

　他方，授業における物的環境としては，学校内では，学校の施設がどの程度利用可能か，備品としてどのようなものが使用可能か，子どもがアクセスできるメディアや情報としてどのようなものがあるのかなど，実際に子どもが活動する環境として学校がどのような

「もの」や空間の配置になっているのかを考えます。学校外では，公園や郷土資料館など学習のための公共の施設や民間の施設の設置状況に加え，地域の自然や気候の特徴，歴史，地域行政や産業の構造，人の流れや近隣の自治体との関係など，子どもが自然や社会に直接，間接に触れて学ぶことができるかを考えます。

　このほかに，教師にとっての職場環境も考慮しなくてはなりません。同僚からの協力が得られるか，管理職からの理解が得られるか，あるいは校内の研究授業として学校全体でのバックアップが得られるかなど，授業を超えて，学校としてどのように授業実践を支えようとしているかも考慮する必要があります。

コミュニケーションを
組織する

授業は具体的な教育内容をめぐって教師と子ども，子ども同士が対峙する場であり，コミュニケーションによって成り立っています。そのコミュニケーションは多くの場合は話しことばを用いてなされています。ここでは授業で実際に用いられている話しことばのやりとりに注目して教師の仕事を見ていきましょう。

⑴　教室談話の特徴

　授業は生身の人間が発することばのやりとりで成り立っています。実際に，小学校における1時間の話し合いの授業では，教師と子ども合わせて数百の発話のやりとりがなされます。授業においてなされる話しことばを用いたやりとりを**教室談話**といいます。教室談話には，授業や教室に独特の言い回しや学校の中だけで用いられるルールが見られます。たとえば，小学校低学年の教室においてしばしば見られる光景に，教師の語りかけに直接応答しようとする子どもに対して「みんなに向かって言ってください」と教師が指導する場

面があります（磯村［2007］）。私たちの普段の会話では，話しかけてきた本人に直接応答しますが，教室では教師が話しかけると，生徒はその教師一人に応答するのではなく，学級の「みんな」に向けて発話しなくてはなりません。教室には「発話者以外は全員聞き手にまわる」というコミュニケーションのルールがあるからです。子どもは高学年になるに従ってこのルールに慣れてくると，他の子どもと教師とのやりとりであっても自分とは無関係であるとは考えず間接的に参加することができるようになるのです。

(2)　教室談話の3つの機能

また，教師や学級ごとのルールもあります。近年，授業において教師や子どもが意識的無意識的に習得し用いているグラウンド・ルールのさまざまなあり方が明らかになっています。グラウンド・ルールとは，互いに主張や発話内容，発話の意図を正確に理解するために必要な暗黙の語用論的知識（Edwards & Mercer［1987］）です。たとえば，「自分なりの考えを大切にする」「自分の立場にこだわる」「話し合いの中で考えをつくる・変える」といったようなグラウンド・ルール（松尾・丸野［2008］）は，授業を円滑にするだけではなく学習内容への理解を深めることにつながっています。

では，授業の場に居合わせている子どもや教師にとって，教室談話はどのようなものなのでしょうか。教室談話を研究しているキャズデンは，教室談話が3つの機能をもっていると述べています（Cazden［1988］）。一つには，その授業で何が教えられ何が学ばれているのかを示すということです。二つには，数十人からなる教室の集団における関係をつくるということです。そして三つには，教師や一人ひとりの子どものアイデンティティや態度を示すということです。本章冒頭の事例における隆太の発話をもう一度見てみましょ

う。ここでの課題は「養殖ハマチの出荷に際して生産者が心配していることは何かを考える」というものでした。教師は，生産者の視点から課題解決することを求めていました。一方，隆太は「消費者」の視点で発話しています。彼の「食べた人が食中毒を起こして死ぬと，育てた人は犯罪者になる」という一連の発話内容は，養殖ハマチの品質管理の重要性の認知に基づいていますし，彼なりに「出荷時の心配ごとは何か」という課題を遂行しています。つまり，隆太が何を学んだのかを示しています。しかし，この場面での教師とのやりとりを見てみると，教師が意図していた「生産者の視点」に立っていないだけではなく，「死ぬ」，「犯罪」など誇大で飛躍した表現を用いています。教師とのやりとり自体もどこかずれていて漫才のかけあいのようになっており，どこかユーモラスでもあります。授業だけではなく，休み時間も含む日頃の隆太の様子を見てみると，自分独自の発想を発揮することを大事にしており，単独でも自分の好きなように課題に取り組むことを好んでいました。授業においても同様に課題に取り組もうとしたのでしょう。しかし，だからといって自分の考えばかりを主張しすぎると，他の子どもとの間に軋轢が生じかねません。彼は，自分の好きなやり方で課題に取り組むと同時に，そのことで生じうる他の子どもとの軋轢を回避し安定して授業に参加することを求めているのでした。つまり，隆太の発話のスタイルは学級集団内での関係づくりやその維持も担っていたのです。それでも，自分の独自の発想を他の友だちや教師に示し，「好きなように課題に取り組む自分」を学級に位置づけ，自分なりの参加の仕方を追究しようとしている点で，彼のアイデンティティが示されているといえます。このように，学習という面でも関係づくりという面でも，アイデンティティの提示という面でも，コミュ

ニケーションが授業参加のための重要な手だてになっているのです。

　(3)　教室談話をマネージメントすることの重要性

　だからこそ，子どもの学習や関係づくり，自分づくりを支援するためにコミュニケーションを組織することが，教師の重要な仕事となるのです。実際の教室談話においても(2)で述べた3つの機能が絡み合いながら表出されています。そのため，子どもの精一杯の表現が教師の発話に茶々を入れることであったり，ふざけであったりもします。そのような子どもの発話の中にも学びの萌芽，切り結ばれる関係性，アイデンティティの発露を見出すことが教師の仕事であるといえるかもしれません。

　また，事例からは，教師は授業において教授者としてだけではなく，教室談話の**マネージメント**をするという役割が明らかになります。授業には多様な生活史を背負い，さまざまな願いをもった子どもが参加しているわけですから，参加者間で意思のぶつかりが生じ，調整の必要が生じます。教師の発話生成は基本的にはその「調整」に向けられます。なぜなら，教師は子どもに比べ，圧倒的に多くの意思のぶつかりを感知しており，子どもの学びを支えるためには教室談話を進行させることが必要になるからです。それは，次に述べるように，子どもたちの認識を共有させることに向けて，コミュニケーションを「つなぐ」ことになります。

　　認識を共有する　　授業は，通常一人の教師と複数の子どもからなる「一対多」の対話の過程として構成されています。ただし，この「多」は「子ども全体」を指しているわけではありません。これまでにも見てきたように子どもはそれぞれの学習経験や生活経験を背負った固有名で生きる存在です。それ

ゆえ，授業への参加の仕方もさまざまです。授業は他者との相互作用を通した学習の場ですが，同時に子ども一人ひとりの個人的な学習経験として構成されなくてはなりません。そのための教師の仕事としてどのようなことが考えられるか，考えてみましょう。

(1) 子どもなりの論理につきあう

授業が一人ひとりの子どもの学習経験として構成されるために，教師はどのように授業を構成しているのでしょうか。先の事例をさらに見てみましょう。教師は，隆太の発話一つひとつに対応しています。教師自身が求める「生産者の視点から」ではなく「消費者の視点から」であってもふざけとは断定してはいません。確かに，発話の内容だけを見れば逸脱のようにも見えます。しかし教師は，隆太の発話を一度は受容し，その上で教師のねらいに授業の展開を戻すタイミングを計っています。消費者としての隆太が考えうる課題解決の過程ととらえているからでしょう。

子どもは，経験や思いに基づいて自分なりのわかり方や課題との関わり方を通して授業に参加したいと考えています。隆太があえて消費者の視点から課題解決をしようとしたのは，彼自身の家庭生活において身近な大人が魚の品質について厳しい目をもっているからかもしれませんし，たまたま食中毒のニュースに接することがあったからかもしれません。また，この場面の前半で「心配する」主体を曖昧にしたまま談話が展開しているからかもしれません。あるいは，事例の場面に先立つやりとりの中で「食中毒」を連想させるできごとがあったからかもしれません。教師とあえて対立する立場をとることで教室に笑いを誘おうとした可能性もあります。いずれにしても，隆太なりの論理であり，彼なりの課題へのアプローチの仕方です。教師は否定することなく，やりとりをつないでいます。隆

太と対話しながら彼なりの論理を言語化させ，隆太自身が自らの学習経験を豊かにすることを保障しているといえます。しかし，最後まで隆太につきあっているわけでもありません。それは，教師の「働く人の姿に気づかせたい」という意図があるからでしょう。

(2) 課題解決を方向づける

では，教師は，子どもの論理につきあいながら，授業の目標や自らの願いをどのように実現しようとしているのでしょうか。教師の発話に注目して見てみましょう。隆太と教師のやりとりの全体を見ていくと，先に述べたように隆太の発話に寄り添っているように見えますが，教師の発話だけを見ていくと，「心配」する主体を問い直したり，「育てた人たちにとっては」と問い直したりして隆太の視点の転換を試みています。

授業の効率のみを考えれば，ここで隆太の発話を最小限に抑えて，心配する主体は生産者であるという指示を明確に出して問い直せばよいわけです。しかし教師はそれをしていません。教師は，あえて隆太とのやりとりを続けることで，学級全体に対して，子どもたちにたどってほしいと意図している，生産者の立場に着目した課題解決の道筋を示していると考えられます。あるいは，隆太とのやりとりを続けることで，生産者の立場から論を展開する者が出てくるのを待っているのかもしれません。実際に，裕一が「つくった意味が……」と生産者の立場に立った発話を始めています。教師は授業の目標や自らの願いを直截的に表してはいませんが，子どもなりの論理につきあいつつ，子どもの中に「生産者からの視点」が生まれることも同時に願っているのです。このように，教師は一見，逸脱やふざけと見える発話でも聞き逃さず，応答したり引用することによって，子どもの生活レベルの認知が科学的概念へと発達することを

促したり，学級で共有できるかたちに再構成したりしています。

(3) 子どもの発話を復唱し学級での共有を図る

　ここでさらに注目したいのは，教師が隆太の発話を復唱しながらやりとりを続けていることです。ここでいう復唱は単純な繰り返しということだけではなく，ことばを補って言い換えたり，要約したり，一人の子どものつぶやきを拡声して学級全体に伝えることも含んでいます（藤江［2000］）。事例では，心配する主体が「生産者」であることを示し，隆太の発話に対応しながら裕一の発話を復唱しています。このことで裕一の発話を学級全体で共有可能なものとし，教師自らが意図する課題解決へと展開させようとしています。この復唱は隆太や裕一の発話への明示的な評価とはなっていませんが，裕一の発話を暗黙的に肯定することとなっており，教師が意図し願う課題解決の方向性を示しているといえます。このように，教師の復唱は単純な繰り返し以上の意味をもちます。誰のどの発話を復唱したのかという行為自体が，学級に向けて教師の意図を暗黙的に示しています。また，子どもの発話の成否を断じたり，「ほかにありませんか」と拙速に発話を促すことなく，教師自身がその発話を吟味することが，結果として子どもの発話を促しているといえます。教師は，復唱することによってコミュニケーションを「つなぐ」役割を担っています。

　教師の復唱は，隆太や裕一の思考を，他の子どもたちの思考とすり合わせることを促してもいるといえるでしょう。思考の多様性を認め合い，自らの思考を再吟味するような関係性を教室に構築していこうとする営みは，教師だからこそできることです。一人ひとりの子どもが自らの思考を表現し合い，議論して意味を構成していく「ディスコース・コミュニティ」（論じ合う共同体）を構築することに

向かうのです。

3 授業デザインを支える教師の知識と思考

　これまで，授業をデザインするという教師の仕事について見てきました。これらの教師の仕事は，どのような知識に支えられているのでしょうか。

| 授業についての知識 |

　教師の**授業についての知識**の特徴はどのようなものであるのでしょうか。授業を行うには，教科や教材の内容に対する知識が必要です。しかしそれだけでは授業はできません。その教材をどのように教えたら学習者にとってわかりやすいか，つまり学習指導の方法に関する知識や，学習者のわかり方についての知識が必要になります。このような教師の知識をショーマンは，「授業を想定した教材内容の知識」(pedagogical content knowledge) とよんでいます (Shulman [1987])。さらにグロスマンは，授業内容を想定した教材内容の知識を構成するものとして次の３つを挙げています (Grossman [1990])。

　第１に「生徒の理解に関する知識」です。これには，子どもの認知や発達の過程，子ども一人ひとりの特性，学校や学級が置かれている状況，学校文化に関する知識などが含まれます。社会文化的文脈の中で学習や思考の道具となる言語を子どもがどう用いるかといったことも含まれます。第２に「カリキュラムについての知識」です。教育目標や教科の目的，教科やカリキュラム，教材についての知識などが含まれます。第３に「授業方法に関する知識」です。学

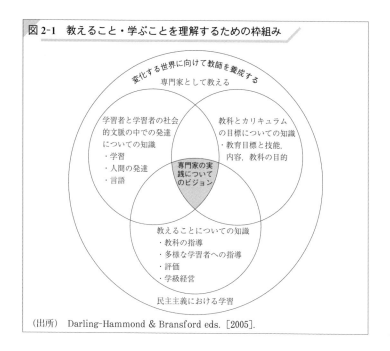

図 2-1　教えること・学ぶことを理解するための枠組み

変化する世界に向けて教師を養成する

専門家として教える

学習者と学習者の社会的文脈の中での発達についての知識
・学習
・人間の発達
・言語

教科とカリキュラムの目標についての知識
・教育目標と技能,内容,教科の目的

専門家の実践についてのビジョン

教えることについての知識
・教科の指導
・多様な学習者への指導
・評価
・学級経営

民主主義における学習

(出所)　Darling-Hammond & Bransford eds.［2005］.

習形態や指導方法,評価,授業や学級経営に関する知識などが含まれます。教師は,これらの知識を総動員させて授業をデザインしていくのです。

　重要なのは,これらの知識が別々に存在するのではなく,教科や教材を教える目的についての概念に基づいて統合され,複合的に存在しているという点です。たとえば,図2-1のようにです。先に述べた「生徒の理解に関する知識」は「学習者と学習者の社会的文脈の中での発達についての知識」,「カリキュラムについての知識」は「教科とカリキュラムの目標についての知識」,「授業方法に関する知識」は,「教えることについての知識」が相当しています。

熟練教師の思考過程　教師の知識は実際の授業においてどのように活用されるのでしょうか。熟練教師と新人教師各 5 名が国語と算数の授業ビデオを視聴しながら考えたこと発話してもらい，その内容を分析したところ，熟練教師に次のような特徴が見られました（秋田・岩川 [1994]）。

　第 1 に，熟練教師は学ぶ側の視点をもっています。新人教師は教師のことば遣いや子どもの態度などを問題であると指摘し，授業がうまくいかない理由を学級経営や指導技術の問題としてとらえています。それに対し，熟練教師は教師の行動が子どもの教材理解にどう関わっているか，授業が子どもの理解に沿って進められているかなど，子どもの側に立って授業を眺め，そこから教師の働きかけの適切さを判断しています。第 2 に，熟練教師は子どもの理解の仕方を考えています。新人教師は子どもが理解できたかどうかの結果のみを表現や発言から読みとろうとしていました。それに対し，熟練教師は子どもがどのように教材をとらえ，どのようなモデルを構成したか，それはどのようなモデルかということを推測し，読みとろうとしていました。つまり，学び手の側に立った理解を行っているのです。第 3 に，熟練教師は子どもを具体的に理解しています。新人教師が，この教材ならば一般的に子どもはこう動くという知識を求めがちなのに対し，熟練教師は，一人ひとりの子どもの個別の理解の仕方や課題に対して子どもがもつイメージを推論して考えていました。以上の結果からは，新人教師と熟達教師の違いだけでなく，熟練教師の思考の特徴として，「授業を想定した教材内容の知識」の活用を見てとることができます。

おわりに

これまで見てきたように,「授業を行う」という教師の営みは,教師自身を含めてさまざまな意思をもった参加者が時空間をともにすることにより直面するジレンマ的状況を見極め,対処していくことでもあります。その営みは経験に根ざした実践的知識に支えられています。章の冒頭で示したように生徒から見た授業の風景と教師から見た授業の風景とが異なっているのは,教えるという立場になり経験を積む中で,教師は授業の複雑性に気づき,発生しうるジレンマを鋭敏に感じ取っているからであるといえるでしょう。

教師は授業という曖昧で複雑な営みを日々積み重ねていくことで実践についての知識を豊かにし,子どもの学習や発達を支援する専門家として成長を遂げていきます。教師がどのように経験を積み成長していくのか,他章で詳しく扱います。

❖読 書 案 内❖

①稲垣忠彦・佐藤学『授業研究入門』岩波書店,1996 年。

　授業の営みを描写し授業研究の課題を論じることを通して,授業をめぐる教師の仕事を端的にかつ具体的に読みやすく論じている。

②秋田喜代美・藤江康彦『授業研究と学習過程』放送大学教育振興会,2010 年。

　子どもの学習を中心とした授業づくりや学校づくり,それらを担う教師の仕事や組織のあり方について平易に論じている。

③石黒広昭『子どもたちは教室で何を学ぶのか――教育実践論から学習実践論へ』東京大学出版会,2016 年。

　子どもを学習の実践者として位置づけ,教室でのエスノグラフィ

ーに基づき，子どもの学習経験から授業を描いている。

Column ② 『3年B組金八先生』の「坂本金八」

　読者の多くがこの名前を知っていることと思います。テレビドラマ『3年B組金八先生』は，1979年の放映開始以来，校内暴力，無気力，学級崩壊，いじめ，引きこもり，性同一性障害，少年犯罪，薬物依存など，その時々の教育をめぐる問題と中学3年生（15歳）に特有の発達課題を絡ませながらシリーズ化され，2008年までにシリーズ第8作が放映されました。2011年に坂本金八の定年をもって放映が終了されています。

　「坂本金八」という教師は，ドラマの一登場人物を超えて「金八先生」という教師の一つのタイプとしてとらえられています。すなわち，教育に対する確固たる信念をもち，教室ではリーダーシップを発揮し生徒を引っ張り，生徒の問題にとことんつきあい，時には家庭や地域の問題にも積極的に関わっていく熱血教師，というものです。金八先生には多くの共感や批判が寄せられました。その多くは，この教師イメージによるものであるといえます。共感派は，時に厳しく時に優しく，いつも全身全霊で問題状況を受け止めてくれ，時には学校を向こうに回してでも生徒を守ってくれる頼りがいのある理想の教師ととらえています。批判派は，自分の信念に基づき常に主導的であろうとし，時として生徒の心の内面にまで入り込んでいこうとするのは越権行為であるし，それを理想とするならば，教師も生徒もともにストレスを抱え疲弊してしまうのではないか，と指摘します。この議論はドラマで描かれている金八のふるまいの是非だけではなく，教師と生徒の関係のとり方や教師の役割や職責についての見解の相違に基づいています。

　なお，議論の対象となっている「金八先生」に対するイメージは若き金八の姿であるようです。確かに，初期の坂本金八はいわゆる熱血教師で自らの信念を曲げず，時に暴走し同僚教師とも衝突が絶えない教師でした。しかしそれから30年近く経過する中で，坂本

金八もまた歳をとりました。学校というシステムに，時に疑問を感じながらもそのシステムの中で労苦をともにする同僚に配慮し，先輩教師として後輩の成長を支えます。時に，自らの信念と現実との間で悶え苦しみ，無力さを感じ，自身のふるまいを省察する姿をみせるようになります。自分の子どもの病気に直面し，父親としての自分と教師としての自分の間で葛藤する場面も見られるようになりました。もちろんそれは制作者側の問題意識や教育状況のとらえ方の変化でもあり，演じている武田鉄矢氏の年齢相応の大人の姿かもしれませんが，金八先生も「成長」していたのです。

（写真提供：福島県郡山市立芳山小学校）

　授業で学んでいるのは子どもたちだけではありません。教える役割だとされる教師も，子どもたちと一緒に授業を創り出すプロセスを通して，実は多くのことを学んでいるのです。教師は単なる「教える人」ではありません。教師とは，日々の教育実践から常に学び続けることを通して自らの力量を高め，成長していく仕事なのだといえるでしょう。授業の豊かさや奥深さを肌で感じつつ，自らを常に振り返りながら，授業をデザインし，運営していくクリエイティブな専門職なのです。本章では，教師が授業を通して何をとらえ，どのように意味づけながら，日々の教育実践を創造していくのかという点に着目しながら，「学び手」としての教師の姿を描き出したいと思います。

◈**本章のキーワード**◈　　省察，教育的鑑識，教育評価，研修，アクション・リサーチ

1 評価する主体としての教師

ある授業風景から　それは雪の日でした。その日の国語の授業はいつもとまったく違った雰囲気で始まりました。担当の女性教師，Ｎ先生が静かに教室に入ってくると，彼女は教卓の椅子にそっと座り，静かな声で「ねえ，みんな。〈ゆき〉ってどう書くと思う？」と目の前の中学生にたずねます。生徒たちは一瞬，何を求められているのかがわかりません。沈黙を破るようにある元気な生徒が挙手をします。Ｎ先生の指示で彼は教室の前に出ていって「ゆきってこう書くに決まっているじゃん」といいながら黒板に「雪」と書きました。すると先生は，落ち着いた表情で「それだけかなあ？」とクラス全員に問い返します。教室に挙手する声が響きます。「雪」「ゆき」「ユキ」……。そして，ある生徒が「ゆ木」と書いた時でした。先生は感心した顔で「うわあ，これは木に雪がふんわりと積もっている感じね」としっとりとした声でいってニコリと微笑みました。このユニークな表記の仕方に触発された生徒たちは次々に表現を生み出し，クラスの思いがこもった〈ゆき〉によって黒板は埋め尽くされていったのです。

　この授業は筆者である私自身が体験したものです。なぜかとても印象に残っています。教科書とプリントを使ったいつもの授業と趣がかなり異なっていたからかもしれません。あるいは，授業の雰囲気が年に数度しかない雪の日にピッタリだったためかもしれません。一見当たり前のようなことをあらためて問われ，常識の枠を超えた表現のおもしろさを体験できたからだともいえそうです。この授業

は私にとってきわめてユニークな体験だったのです。

　ところで，N先生にとってこの授業はどのような体験だったのでしょうか。たとえば，N先生はなぜこのような授業をしようと考えたのでしょうか。また，何を考えながら授業を進めていったのでしょうか。そして，N先生は何をめざしていたのでしょうか。

授業における教師の
3つの姿

　まず，授業において教師がどのような役割を担っているか（吉崎[1991]）という点をN先生の例で確認しておきましょう。

(1)　アクターとしての教師

　雪の日にふさわしい静かな様子でN先生が教室に入ってくるところから授業は始まります。「ねえ，みんな。〈ゆき〉ってどう書くと思う？」とたずねたり，きわめて常識的な「雪」という反応に対しては「それだけかなあ？」と問い返し，クラス全体を挑発します。「ゆ木」という表現をあえて取り上げて「木に雪がふんわりと積もっている感じね」とコメントします。これらは単なる言葉のやりとりではありません。あるときは笑顔で，またあるときは不思議そうな表情で，身体をダイナミックに使いながら教師はコミュニケーションを進めていきます。

　このように教師は授業でさまざまなふるまいをします。そしてこれらの教師の多様な行為に導かれながら，授業は現在進行形で創られていくのです。授業を教育的に意味のあるかたちで円滑に進行しようとするこのような姿（アクターとしての教師）は私たちに比較的目につきやすい役割です。

(2)　デザイナーとしての教師

　N先生は当初，教科書とプリントを使ったいつも通りの授業を計

画していたのかもしれません。しかし，雪が降って気もそぞろな生徒たちを見てその計画を大胆に変更することにしました。むしろ，雪の日であることを逆手にとって積極的に利用したのです。N先生は〈ゆき〉を取り上げることによって表現の多様性について体験的に学び取ってほしいと願って授業を構想したに違いありません。

　教師とはこのように授業を主体的に計画し組み立てていく仕事であるといえます。どのような認識を深めていってほしいのか，さらには人としてどのように育っていってほしいのかといった願いを抱きながら，学習者の実態を踏まえつつ，教材研究を通して教える内容を検討すると同時に，教え方を具体的に考えるという姿（デザイナーとしての教師）です。このデザイナーとしての役割は，学習者にとって見えにくい部分かもしれません。主に教師の頭や心の中で営まれる仕事であって，授業中の教師の行為に対してむしろ間接的に反映される側面だからです。

(3)　エバリュエーターとしての教師

　N先生は「ゆ木」という表現をことさら取り上げて，その意味をクラスに広げ，表現の多様性を楽しもうという雰囲気をつくっていきました。生徒の表情，発言，ふるまいに注意を向けながら，臨機応変に適切な対応をしていたのです。このように教師は現在進行形の授業の中で，学習者の学びをとらえながら授業を進めています。すなわち，授業における教師のもう一つの役割は，教育や学習の営みを解釈するとともに，それを次の活動に生かしていくという評価者（evaluator）としての姿（エバリュエーターとしての教師）として現れます。教師は自らが抱く教育者としての「願い」や，教育内容に即して具体的に設定した「ねらい」に照らして，学習者の様子や彼らに対する自らの関わりについてとらえようとし，その教育的な意

味づけを行います。さらにその判断を次の教育活動に活用していこうとします（鹿毛 [2000]）。

　以上に挙げた教師の3つの役割は互いに切り離せないという点も重要です。実際に授業をやってみた結果，思い通りにいかず，当初考えていたプランを練り直さなければないこともしばしばです。教師は授業での自らの行為や学習者の様子を評価しながら，計画をよりよいものへと柔軟につくり変えていくという一人三役を同時にこなしているのです。

| 教育的瞬間と暗黙知 |

　教師は「教えるプロ」であると一般に考えられているわけですが，その専門的な力とはどのようなものなのでしょうか。N先生の例で考えてみましょう。なぜ先生は「ゆ木」という表現をことさら取り上げてクラスの生徒たちに印象づけたのでしょうか。

　「ゆ木」という表現はある生徒がその場で考えたもので，N先生があらかじめ予想した生徒の反応ではなかったかもしれません。しかし，先生は即興的にこの表現のよさに気づき，そのよさを生徒たちに伝えようとしました。教師の専門的な力はこのような一瞬の判断とそれに連なる行為の背後に存在しているのです。

　ヴァン・マーネンは，子ども（たち）のために何らかの教育的な働きかけが期待されるような状況に埋め込まれた瞬間を「教育的瞬間」（pedagogical moment）とよびました（Van Manen [1991]）。たとえば，「自分の描いた絵にタケシ君がいたずら書きをした，とヒロミさんが泣きながら訴えている」というような瞬間，教師は即座に教育的な方向で行動を起こすことが迫られます。「さてどうしたものか」と腕組みしながら考えている余裕などなく，教師としてす

ぐに何かをしなければならないのです。「ゆ木」という表現が生徒から出てきた瞬間も「教育的瞬間」です。N 先生はその瞬間を逃さずにこの表現を大切に扱い，他の生徒たちにそのよさを伝えようとしたのです。

　このように個々の状況に応じながら瞬時のうちに考え，ふるまうことをドナルド・ショーンは「行為の中の省察」（reflection-*in*-action）とよび，教師を含むいわゆる「専門家」とよばれる人たちの力量の特質であると主張しました（ショーン［2001］）。また，このような思考と行為はそれまでの経験によって培われた「活動の中で働く知」，すなわち状況に応じて無自覚のうちに機能する「暗黙知」によって導かれているのだと主張されています。

　元来，**省察**（reflection）とはデューイによる反省的思考（reflective thinking）という考え方に起源をもつ概念で，経験の中で生じる問題を解決するための探究を誘うような思考を意味する言葉です。しかし，ショーンは行為するためにいったん立ち止まって考えるということよりも，むしろ行為と思考が切り離せないことを強調するために，「行為についての省察」（reflection-*on*-action）と「行為の中の省察」とを区別し，行為に埋め込まれたかたちで働く思考である後者の役割の意義を強調することによって，複雑な状況に対して省察しながら柔軟に対応するような専門家像（反省的実践家：reflective practitioner）を描き出したのです（秋田［1996］）。

「振り返り的省察」と
「見通し的省察」

　「授業がうまくいった」などと思えるのはかなり稀なことだ，とベテラン教師がよくいいます。教師はこのように自分が実践した授業について日常的に評価しているのです。

よりよい授業を実現するための省察として，以下の2つを挙げる
ことができます。すなわち，教師自らの体験を解釈することによっ
て新鮮でかつ深い洞察を得るような「振り返り的省察」（recollec-
tive reflection）と，その後の実践の可能性について考えを深めてい
く「見通し的省察」（anticipatory reflection）です（Van Manen
[1991]）。

　小学校1年生の生活科授業の例で考えてみましょう。子どもたち
は班ごとに校庭の落ち葉を集める掃除に取り組んでいたのですが，
掃除をサボって遊んでいる子どもたちのことが問題になりました。
そこで担任の田中先生は「落ち葉清掃」という体験を通してみんな
で協力することを学んでほしいと考えて，話し合いの授業を行いま
した。「クラスで決めたことを守らないなんておかしい」「班の他の
メンバーに迷惑がかかる」などという意見が続出します。ある女の
子が「そういえば，遊んでた人たちは，クラスで落ち葉の掃除をし
ようと決めたとき『イエーィ！！』っていって喜んでいたよ。きっ
と，教室から校庭に出られるのがうれしかったんじゃない？」と発
言します。最初から掃除をしようという心構えではなかったという
ことが明らかになって，サボっていた子どもたちの旗色はますます
悪くなります。教師は丹念にみんなの意見を拾い上げていくのです
が，どうも「サボるのが悪い」という「建前」が強調されるにつれ
てクラスの空気が息苦しくなってきたときにチャイムが鳴りました。

　授業後の校内研究会の時に，同僚の山本先生が次のような指摘を
しました。「落ち葉って，単なるごみなのかしら。掃除しているう
ちに落ち葉に興味をもったり，遊びたくなるのも自然よね」。吉田
先生は「外に出られるとなれば『イエーィ！！』って喜ぶはずだよ。
その気持を大切にして秋に触れながら葉っぱを調べるような学習

に発展していってもおもしろいんじゃないかな」といいます。

　授業をした田中先生はこのような同僚の指摘にハッとします。授業中の子どもたちの発言や表情，自らの教師としての働きかけについてあらためて振り返り，今後の授業をどう展開していけばよいかというヒントが得られたのです。まず，子どもの自然な姿を見失って授業をしていたこと，「みんなで協力することを学んでほしい」という自らの願いを子どもたちに対して暗黙のうちに押しつけようとしていたこと，そしてそれが必ずしも子どもたちの心に迫るような働きかけになっていなかったことに気づきます（振り返り的省察）。また，「秋に触れることの喜び」や「落ち葉を調べる楽しさ」と「みんなで協力しようとする気持ち」を子どもたちが同時に体験できるような生活科の授業を構想してみようと考え直したのです（見通し的省察）。

見える力——教育的鑑識	教育とか授業とかにおいては，「見える」ということは，ある意味では「すべてだ」といってもよいくらいである（斎藤［1969］172頁）。

　教育者，授業研究者として著名な斎藤喜博は，「一人ひとりの子どもの反応を深くみつめ，それに対応することのできる教師としての基本的能力」が，教師としての経験と理論の蓄積された結果として身につけられるという点を強調しています（斎藤［1969］）。

　上にあげた生活科の授業の例でいえば，「イエーィ！！」と叫んだ子がいたことを指摘した女の子の発言をどのように意味づけるかは教師の「見える力」にかかっています。田中先生は「イエーィ！！」という声の背後の子どもの気持ちを授業の中ですくいあげ

ることができずに，それが不道徳な発言であるという建前的な議論の流れをむしろ加速させてしまいました。子どもの発言やつぶやき，表情やふるまいをどのように意味づけるかは教師の力量次第なのです。この「見える力」の有無によって，その後の授業展開だけでなく子どもたちの学びの質それ自体が左右されるのだといえるでしょう。

この教師の「見える力」に関連して，アイスナーは，**教育的鑑識**（educational connoisseurship）という考え方を提唱しています（Eisner［1998］）。教育的鑑識とは教育の場で起こる複雑で微妙な事柄について識別する能力をさします。

アイスナーはワインの例を用いて「鑑識とは何か」について説明しています。ワインの鑑識とは，単にワインの味を識別するだけでなく，その色や香りからさまざまな特質（たとえば，ブドウの品種や産地など）について，五感を通して判断できる能力です。もちろん，ワインのよさを判断するには，それまでに体得した知識が必要になります。

ワインの鑑識の専門家がソムリエであるように，教師とは子どもの学びや育ちに関する教育的鑑識の専門家だといえます。冒頭に挙げた国語の授業の例でいうなら，「ゆ木」という発想を味わうことができる能力，つまり，その発言の教育的な意味や価値を識別できる眼がN先生に備わっていたのだといえるのではないでしょうか。

「心のはたらき」としての評価

一般に，評価というとテストを実施して点数や成績をつける営みであるという固定観念を私たちはもっています。学習成果を点数や成績などによって「値踏みする」仕事が評価だという考え方です。しかし，以上に述べてきたことを踏まえると，**教育評価とは図**

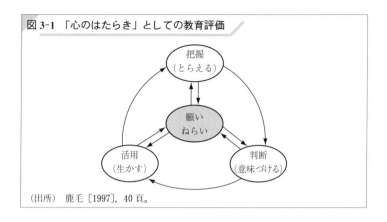

図 3-1 「心のはたらき」としての教育評価

把握
（とらえる）

願い
ねらい

活用
（生かす）

判断
（意味づける）

(出所) 鹿毛 [1997], 40 頁。

3-1 のような教師による「心のはたらき」として位置づけることが
できます（鹿毛 [1997]）。

　たとえば，N 先生は「ゆ木」という表現のよさを，教師の願いや
ねらい（たとえば，表現の多様性に目を向けてほしい）に照らしてとら
え，意味づけました。そして「ゆ木」という表現のよさをクラスに
伝えるという行為に生かしていきました。

　教師はこのように授業の文脈に応じて自らの身体に埋め込まれた
知恵や技を活用しながら，即興的に最善のふるまいをしようと常に
努力しています。願いやねらいを核としながら，状況をとらえ，意
味づけながら，行為を生み出すような評価的思考を絶えず行ってい
るのです。また，その過程で逆に願いやねらいが修正されたり，精
緻化されたりしていきます。

　N 先生の例のように，このサイクルが一瞬のうちに実現する場合
もあれば，子どもたちの様子をつぶさに観察しながら，彼らの学び
の実態を時間をかけて分析し，それをもとに次の単元を念入りに構
想するというように 3 つの段階がじっくりと進んでいく場合もある

でしょう。いずれにしても，授業は教師のこのような心のはたらき（評価的思考）によって創り出されていくのです。

　エバリュエーターとしての教師の姿を支えているのが「見える力」であり，振り返り的省察や見通し的省察にその力が生かされるという考え方に立つならば，子どもたちの学びや育ちの実相を解釈するという評価活動全体が，むしろ授業などの日常的な営みの中に埋め込まれているということになります。教師にとって評価とは，テストの点数や成績をつけるという作業なのではなく，教育的に重要なできごととそれへの解釈を教師自身の眼だけを頼りにつかみとる（奈須 [1996]）という実践なのです。

2 ともに学び続ける教師

ある授業研究の風景から
　　　若手教員の山口先生が計画した小学校 6 年生理科の授業プランについて同僚の教師たちがテーブルを囲んで検討しています。「ものが燃えるとはどういうことか」ということを子どもたちに伝えたいと説明する山口先生に対して，次のようなやりとりが行われました。

　青木先生「この計画でうまくやれそう？」
　山口先生「と言われるとちょっと……。でも，子どもたちが疑問をもつ部分を大切にして進めていこうと思っています。おもしろいと思ってもらえるように工夫したつもりなのですが……」
　鈴木先生「おもしろいって，興味をもつっていうことと同じ意味ですか？」

山口先生「（少々考え込んだあとで）ちょっと違いますね。単に面白おかしいと思ってほしいというのではなくて，その後の学習に対して何かこだわりのようなものをもって取り組んでほしいという感じなので，興味をもってほしいという表現のほうが私の気持ちに近いと思います」

（しばらく沈黙。一同，資料に目を通している）

佐々木先生「時間的に厳しいんじゃないかなあ。内容を盛り込みすぎという感じがします」

村上先生「内容的にもこんなもんでいいの？　山口さんから子どもたちへの一方的な発問で授業を進めるだけじゃ，以前の失敗の繰り返しになりかねないよ。興味のない子はおいてきぼりくっちゃう」

（山口先生はしきりにメモをとっている）

木村先生「そう。このような一問一答式じゃつまらない。本当に教えたいことはとっておかなくっちゃ。子どもたちにとって，なぜこれを学ぶのかという学習の必然性がないような気がする」

（厳しい顔で考え込む山口先生）

青木先生「山口さんが子どもたちに学んでほしいことは何なの？」

山口先生「（沈黙の後で）先程もいったんですが……。なぜ燃えるのか」

（他の先生のやや不満げな沈黙が続く）

中田先生「子どもに何を学んでほしいのかをもっと明確にしないと，子どもとのやりとりも通り一遍になってしまう。たとえば，ものが燃えるってこういうことなんだって，とりあえず子どもたちにやらせちゃう。そこから出てくる子どもたちの気づきや疑問を教師のほうで拾ってあげる。そのようなプロセスを通して，山口さんの願いやねらいがもっと明確になってくるかもしれないね」

　目の前の子どもたちに対する教師の願いやねらいが明らかでないと，教科書をなぞるような深みのない授業になってしまいます。

「一問一答式のやり方だけで興味深い授業ができるのだろうか」という疑問を出発点として，教師が子どもたちに何を伝えたいのかがはっきりしていない点や，子どもにとってこの内容を学ぶ必然性がない点が授業の魅力や価値を低めてしまうという指摘を山口先生は同僚教師から受けたのです。

　この山口先生のように，自分の授業の具体的な姿を題材として提示して他の教師と意見交換をするプロセスは，授業者自身の学びであると同時に他の教師にとっての学びでもあります。自分の価値観や信念，子どもたちとの日常的な関わりなどがあらわになり，教師としての自分自身のあり方をその場で振り返ることになるからです。このように教師たちは協同作業によって自分たちの力を磨き合っていくのです。

| 省察の3つのレベル |

ヴァン・マーネンは，省察には技術的，実践的，批判的の3つのレベルがあることを指摘しています（Van Manen［1977］）。技術的省察とは，あらかじめ定められた目的を達成するための手段（技術や方略など）が効率的であるかどうか，有効であるかどうかに焦点を当てる省察です。たとえば，上の例で佐々木先生が時間配分と取り扱う内容の量に関して「時間的に厳しいんじゃないかなあ。内容を盛り込みすぎという感じがします」とコメントしています。このような発言は，授業を効果的にコントロールしながら成立させるために指導の内容や運営の仕方に焦点を当てて授業を問う切り口なので，技術的省察を促すことになります。

　実践的省察とは，教育の目的それ自体を再検討することに焦点を当てるような省察をさします。たとえば，青木先生が「山口さんが

子どもたちに学んでほしいことは何なの？」と問いかけ，中田先生
が「子どもに何を学んでほしいのかもっと明確にしないと，子ども
とのやりとりも通り一遍になってしまう」とコメントしていますが，
これらの発言は，「ものの燃え方と空気」という理科の授業を通し
て教師として何をめざしているのかをあらためて吟味し，授業を練
り直すきっかけとして，山口先生に対して投げかけられたのだとい
えるでしょう。

批判的省察とは，実践の道徳的，倫理的，社会的公正さという側
面について考えを深めていくことに焦点を当てるような省察を指し
ます。たとえば，「（一問一答式の授業だと）興味のない子はおいてき
ぼりくっちゃう」という村上先生の発言は，批判的省察へと発展す
る契機を含んでいます。子どもたちに対する公平性を念頭におき，
このままのプランだと期せずしてクラスに学習成果の不平等を生じ
させてしまうという懸念を表明しているからです。

省察の3つのレベルはどれも大切ですが，とりわけ実践的省察と
批判的省察をおろそかに扱うわけにはいきません。技術的省察に終
始しているならば，授業の目標自体が批判的に吟味されることはな
く，仮に子どもたちにとって望ましくない実践であってもそのまま
正当化されてしまうことになりかねないからです。

| 研修とは何か |

授業とはこの世で1回きりの営みです。子
どもが異なればたとえ同じ内容であっても
展開が異なってくるというように，まったく同じ授業を再現するこ
となど不可能です。また，授業によって何が学ばれるかという点も
実は明確ではありません。ある教師が一定の内容を理解してもらお
うとして授業をしたとしても，そこに参加した学習者全員が教師の

意図した通りに学ぶということなどありえません。学習は個人のそれまでの経験や既有知識，意味づけ方などに依存して生起するものであり，たとえ外部からまったく同じ情報を与えられたとしても，学習の成果は一様ではないのです。

　このようにきわめて複雑な授業という営みをその都度よりよいものとして実践していくためには，教師自身が学び続けなければなりません。自らの能力を過信して傲慢になったり，怠惰になったりしたとたんに，授業から活気が失われます。教材研究を深め，同僚や子どもに学び，自らの実践を省察しながら，教師自らが成長していくことがよい授業を成立させる前提条件なのです。教師の仕事の本質はむしろ「教えながら学ぶこと」あるいは「学びながら教えること」にあるのだといえるでしょう。

　　　教育公務員は，その職責を遂行するために，絶えず研究と修養に
　　努めなければならない（教育公務員特例法 21 条 1 項）。

　これは教師の**研修**の規定です。教師が学び続け，自らを高めていくべきであるということはこのように法令で定められています。

　「研修」という用語は，「研究」と「修養」を短く表記したものです。自分の職務について研究を積み重ねることの重要性は教師に限らず他の専門職にも通じることだと思われます。とりわけ教師にとって研修の「修」の字に込められた意味の深さについて考えてみることは意義のあることだと思います。「修養」とはやや耳慣れない言葉かもしれませんが，「精神を練磨し，優れた人格を形成するようにつとめること」（『広辞苑〔第 4 版〕』）という意味です。教師という職業は，ものを扱ったりつくったりするような仕事とは根本的に異なり，人の成長に関わる専門職です。すなわち，単に知識や技能を伝えるだけではなく，個性や社会性に彩られた人を育む仕事なの

表 3-1 研修の種類

①自己研修：自分の興味や関心に基づいて自主的に計画をたてて個人的に実施する研修

②校内研修：勤務している学校の中で協同的に行う授業研究や教材分析などの研修

③教育センター等の研修：県や市などの行政機関が教員研修の体系に基づいて実施する研修

④研究団体等の研修：大学や団体などが機会を設定して実施する研修

⑤長期・海外研修：現職のまま長期間にわたって学校を離れて行う研修

(出所) 加戸・下村 [1989]，6544 頁。

です。教師自身の性格や価値観，信念など，人としてのありようが教育という仕事自体に大きな影響を及ぼすからこそ教師にとって「修養」が大切であり，教師自身による省察や自己理解が重要なのだといえるでしょう（西［2002]）。

　つまり，教師の研修においては，専門的な研究と人間的な修養という 2 つの営みが相互に結びつくことが期待され，仕事を遂行する上で不可欠な活動として位置づけられているのです。日々の教育実践を自覚的に見つめ直していくと同時に，自らの価値観や態度，信念体系を絶えず問い直していくことが教師としての力量を高めていく上できわめて大切です。時には自分と向かい合う勇気や自己否定する厳しさが要求されることもあるでしょう。しかし，研修とはそのような自分自身の問い直しを含む機会なのであり，そのプロセスをたどってこそ教師は成長していくのだと考えられています。ただし，研修のうちの「修養」の側面によって特定の教師像が押しつけられることに陥ったり，人格批判につながりかねないという危険性もあるので，その点には十分な配慮がなされる必要があるでしょう。

　具体的には表 3-1 に示すように，研修にはいろいろな種類があり

ます。先に挙げた山口先生（理科）や田中先生（生活科）の授業研究の例もそれぞれ研修（校内研修）の一場面として位置づけることができます。

アクション・リサーチ 　教師による研究の代表的な手法として，**アクション・リサーチ**（action research）を挙げることができます。アクション・リサーチとは，実践を改善し，実践に関する理解を深め，その実践が生じる状況をよりよいものへと変革していくことを目的とし，実践を改善するための行為を研究対象に含めながら問題解決のプロセスをとらえると同時に，そこから独自の理論を生み出していこうとする事例研究のことを指します（秋田・市川［2001］）。

　一般にアクション・リサーチは図 3-2 に示すようならせん状のプロセスとして描くことができます。アクション・リサーチとは整然と直線的に進行する研究ではなく，むしろ手続きや解釈を手直しするプロセスが繰り返されながら進展していくような研究を指すのです。具体的には，情報の収集・記録・分析，討論・解釈，計画の立案・実行，経過や結果の報告といった一連の活動として実施されます。

　たとえば，自ら考えようとしない生徒たちを教師が何とかしたいと願って，「話し合い」を取り入れながら中学校理科の授業を展開した広瀬先生の研究例（広瀬［2000］）をみてみましょう。「質問だけに答える授業」の試みを手始めとして，「ブレーンストーミングを取り入れた授業」が構想倒れに終わるなどの紆余曲折を経て，「小グループでの話し合いを取り入れた授業」，さらには「オープンエンドの話し合い（答えがひとつに定まらない課題を用いた話し合い）の授業」へと実践が発展していきました。広瀬先生は，生徒たちに

図 3-2　らせん状に進行するアクション・リサーチ

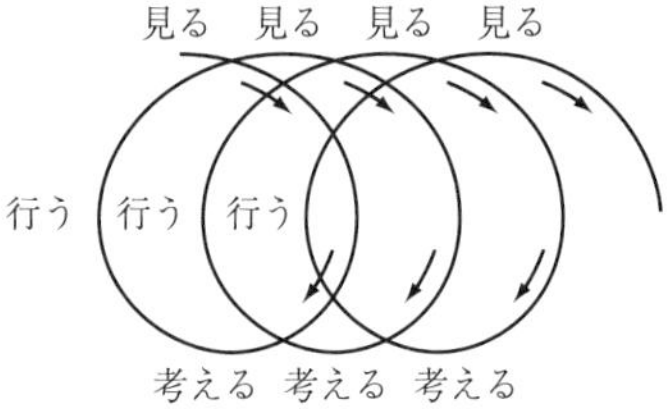

見る　見る　見る　見る

行う　行う　行う

考える　考える　考える

(出所)　Stringer［1999］, p. 19.

アンケートを実施したり研究仲間との討論を繰り返したりしながら，実践をその都度つくり変えていきました。その研究プロセスでは，教師として何を願っているのかが次第に明確になっていくとともに，話し合いの授業の中で現れた生徒の思考の素晴らしさに気づき，「与える授業」という教師主導型のスタイルを問い直すことになりました。広瀬先生にとってアクション・リサーチとはこれまでの自分の授業を乗り越えていく営みだったのです。

　このようにアクション・リサーチでは，「私はここで何ができるのか？」というように「私」が研究の中心に据えられます（秋田・市川［2001］）。また，どのような方向に実践を改善していくかが模索されることになるため，研究の過程で教師の価値観が必然的に問い直されることになります。アクション・リサーチを通して，教育実践についての認識が深まると同時に「教師としての私」をみつめることになるのです。

校内研修——同僚との協同

　表 3-1 に挙げた研修のうちでも特に注目すべきなのは，校内の全教職員が協同しながら計画的，組織的に取り組む「校内研修

（校内研究）」です。これまでに述べてきたような省察を重視した授業研究では，具体的な子どもの姿に焦点が当てられるとともに，一人ひとりの教師の願いや意図を中心に据え，研究の仲間とのコミュニケーションを大切にした継続的なアクション・リサーチを行うことになる（藤岡［1998］）ため，一人ひとりの教師が勤務している学校こそが最も適切な研究の場になると考えるのはきわめて自然です。

　伊藤功一は青森県の三本木小学校校長として①私たち教師自身，本当は子どもたちを教えることにおいて，非力であるということを自覚しなければならないこと，②研修は，教師である自分自身のために行うのであって，他人のために行うのではないこと，③いわゆる「うまい授業」をしようと思わないこと，の3点を提案し「たとえ，ぶざまな授業であっても，子どもたちと誠実に向き合う授業をしよう」とよびかけることを手始めに，教師たちと一緒に校内研修を推進していきました（伊藤［1990］）。「自分の授業を創る」という終わりのない追究過程として，個々の教師の自律的な意欲に支えられた日常的な研修をめざしたのです。研修は他から義務づけられたものとして受け取られる傾向があり，ともすると形骸化しがちですが，意味のある校内研修が組織され，授業研究を中心とした研修を通して一人ひとりの教師がその意義を実感することによって，教師自らの意志による研究が創り出されることが望まれているのです。

　そこで大切になってくるのが同僚との協同です。上述した生活科の田中先生や理科の山口先生の例のように，同僚である教師たちからのアドバイスが糧になったり，自分と異なる見方に触発されたりしながら，教師は授業について学んでいきます。同僚との授業研究を中心とした協同的な場には「開眼の働き」（清水［2002］）があるのです。たとえば，授業における先輩教師の子どもとのやりとりの

素晴らしさの背後にある綿密な教材研究に魅せられたり，自分が授業中の子どもの姿をいかに見取っていなかったかを指摘されることで他の教師たちの「教育的鑑識力」をみせつけられたりします。授業研究の過程で教師は己の力量の至らなさを痛感する一方で，明日からの授業の指針を得ることができるのです。

体験から学ぶ教師　教師の力は体験から学ぶことによって培われます。よりよい授業を具体的に創り出そうと実践を積み重ねる中で，教材に対する認識を深めつつ，子どもや同僚に学びながら，教師としての自らのあり方を問い直していきます。それは「教える」「学ぶ」という営みの再発見，再認識のプロセスなのです。自らが成長していくために，日常的な学校生活で生じている小さな事実から学ぶことのできる感受性と，自己変革していく勇気が教師たちに求められているのだといえるのではないでしょうか。

❖読 書 案 内❖

①斎藤喜博『授業——子どもを変革するもの』国土社，1963 年。
　そもそも「授業」とは何か。本書は授業の奥深さと厳しさを私たちに伝えてくれている。一言一句，嚙みしめるように読み込みたい名著。

②稲垣忠彦・佐藤学『授業研究入門』岩波書店，1996 年。
　授業の性質，授業研究の歴史や課題などについて，豊かな事例や歴史的な事実に即しながらわかりやすく解説する授業研究の入門書。

③浅田匡・生田孝至・藤岡完治編『成長する教師——教師学への誘

い』金子書房，1998 年。

　授業と教師の関わりについて，教師の授業に対する力量や，教師自身の学びや成長という視点から多角的にとらえ，「教師学」を大胆に構想するユニークな書。

④鹿毛雅治・藤本和久編著『「授業研究」を創る —— 教師が学びあう学校を実現するために』教育出版，2017 年。

　「一人ひとりの子どもの学びや成長を促すための教師の学びや成長を支える研修システム」として授業研究をとらえ直し，多様な授業研究のあり方について具体的示唆を与えてくれる。

Column ③　『兎の眼』の「小谷芙美先生」

　新任の女性教師，小谷先生は小学校 1 年生の鉄三少年の「変わった」様子に戸惑いました。まったくしゃべらず，文字が書けず，暴力をふるったりするだけではなく，彼はいろいろな種類のハエをビンに入れて飼っており，サナギやウジの世話までしていたのです。「ハエを飼うなんて不衛生だからやめさせよう」という考えで接すると，先生は鉄三に突き飛ばされてしまいます。それを契機に，ハエを飼うことが両親のいない鉄三にとってかけがえのないことだと気づくと同時に，先生自身がハエについて学び，一緒にハエを研究することに喜びを見出すようにまで変わっていきました。鉄三も先生と関わるプロセスを通して，文字を覚え，みんなと大声でおしゃべりをするようになり，ついに「ハエ博士」として新聞に紹介されるまでに至るのです。

　子どもに寄り添いながら誠実に学んでいく教師の姿を小谷先生から学ぶことができるのではないでしょうか。

　（参考文献：灰谷健次郎『兎の眼』新潮社，1984 年）

第4章

カリキュラムをデザインする

(写真提供：東京都港区立芝小学校)

　カリキュラムは，一般に授業や学びに先立って組織された「計画」（プラン）と考えられがちですし，教師が主体的に開発し実践するものというよりも，学習指導要領や教科書のように中央の行政や開発機関が作成し，学校に普及するものとみなされがちです。

　この章では，「カリキュラム」を学校や教室において教師と子どもが創造する「学びの経験の総体」として再定義することにより，カリキュラムをデザインする教師の活動とそのプロセスについて提示することにします。「学びの経験の総体」あるいは「学びの履歴」としてのカリキュラムは，どのような原理によってどう構成され実践されるのでしょうか。また，学校や教室を基礎とするカリキュラム開発は，どのような教師の活動によって実現するのでしょうか。この章では，教師がカリキュラムをデザインする過程について実例に即して検討することにしましょう。

┌───┐
◈本章のキーワード◈　　学びのデザイン，プロジェクト単元，カリキュラム開発，実践－批評－開発モデル
└───┘

1 「カリキュラム」の概念

　教師の仕事はカリキュラムを媒介として遂行されます。「カリキュラム」という言葉は，一般に「教育課程」と翻訳されますが，「教育課程」という用語は，教師の実践に先立って定められた教育内容の組織を意味しており，文部科学省の定めた学習指導要領や教科書を意味することが一般的です。また学校教育法において「教育課程」は学校において編成されるものと定められていますが，この場合の「教育課程」は学校の教育目標や教科の時間割を意味していることが一般的です。しかし「カリキュラム」という用語は，教師の実践に先立って定められている公的な枠組みや教育計画を示しているだけではありません。最初に「カリキュラム」の語義を明示しておきましょう。

　　　　　　語　　義　　　「カリキュラム」という用語は古代ギリシャの戦車競技の「走路」を語源としています。この語源から「人生の経歴」という用法が生まれ，「履歴」という意味を形成しています。この意味は現在も継承され，curriculum vitae は「履歴書」を意味しています。この「カリキュラム」が教育用語として登場するのは 16 世紀のオランダの大学においてです。当時，教皇と国王から統制された大学が，定められたコースを走らされるという揶揄の意味によって教育内容の組織を「カリキュラム」と名づけたのです。以後，「カリキュラム」は，外から強制された教育内容の組織という語感を伴う教育の課程を意味するも

のとなりました。この語感の転換を図ったのが，19世紀末から20世紀初頭において展開されたアメリカの革新（進歩）主義の教育運動です。デューイを中心とする教育改革者たちは「カリキュラム」を「学びの経験の総体」と再定義し，カリキュラムの改造を学校教育の改革運動として展開しています。こうして「カリキュラム」の概念は，今日，教師と子どもが学校において経験する「学びの経験の総体」という意味で使用されています。

学びの経験　上記の2つの「カリキュラム」の用法のうち，教師の仕事を中核に設定した場合，実践的により重要なのは「学びの経験の総体」としてのカリキュラムです。この意味におけるカリキュラムは，教師の授業や子どもの学びやその評価も含む包括的な概念です。一般に「カリキュラム」というと，授業や学びに先立って作成された「計画」と認識されがちですが，「学びの経験の総体」としてのカリキュラムは，教室における授業や学びの創造と一体であり，年度始めの4月に作成されるのではなく，年度の終わりの3月に完成されるものとして認識すべきです。

　この章では，「学びの経験の総体」としてのカリキュラムを教師がデザインし実践するプロセスを具体的事例に即して叙述することにしましょう。

2 学びのビジョンとその実践

　カリキュラムのデザインは，単元（unit）を単位として行われま

す。単元とは教材と学びの経験のひとまとまりの組織であり，教科（領域）のカリキュラムはいくつかの大単元によって組織されています。単元の組織には大別して2つの様式があります。一つは「目標−達成−評価」を単位とする様式であり，最初に到達目標を具体的に示し，次にその目標を達成するように教材と学習活動を組織し，最後に目標を達成できたかどうかをテストで測定する様式です。もう一つは「主題−探究−表現」を単位とする様式であり，単元の中心となる主題を定め，次に主題に接近する教材と学習活動を組織し，最後に学びの経験をリポートや発表で表現する様式です。私は前者を「階段型カリキュラムの単元」，後者を「登山型カリキュラムの単元」とよんでいます。この2つの様式のうち，前者は学びの「効率性」の追求に適した単元の様式であり，後者は学びの「発展性」の追求に適した単元の様式です。これからの時代の教育に求められるのは後者の単元の様式といえるでしょう。

「主題−探究−表現」の単元の様式によるカリキュラムのデザインを実践事例の紹介によって例示しておきましょう。

トンボが飛んだ日　三重県四日市市桜小学校の一見寿紀さんが小学校4年生の子どもを対象に実践した総合学習「トンボが飛んだ日」の事例です。

一見さんは総合学習のカリキュラムを構成するにあたって，総合学習の「ねらい」を「自分をとりまく人・自然環境に目を向ける」「問題解決の方法を工夫しながら，自分のもつ課題を意欲的に探究する」「ともにアイデアを出し合って活動する」「伝えたい内容を整理し表現の方法を工夫する」「活動の軌跡を振り返り，自分の考え方を見つめ生き方を考える学びを展開する」という諸点に求めてい

ます。一見さんが最初に設定した主題は「水」です。湧き水が多い地域の特性を見つめ，水と人々の暮らしのつながりを学ぶ総合学習を求めていました。

4月の最初の授業で一見さんは学校の湧き水を子どもたちに観察させるところから単元をスタートさせました。ところが，子どもたちは湧き水にはさほど関心を示さず，湧き水のそばで見つけたヤゴに興味を抱き，「羽化させて何トンボか調べてみたい」といいます。その2週間後，普段一人で友だちと交わることの少ない達夫（以下子どもの名前は仮名）が，いつもうつむいて歩いているからでしょうか，学童保育所の横のドブ川でヤゴが集団で羽化しているのを発見します。そしてさらに1ヵ月後，今度は健次が羽化直前のヤゴを発見し，教室で割り箸につかまらせたヤゴの羽化の様子を観察することになります。ヤゴが割り箸に上り羽化して大空に飛び立つまでの4時間にわたるプロセスを，子どもたちはまんじりともせずに観察し，途中に何度も感動の声をあげています。ここまで総合学習のテーマは「湧き水」と決めていた一見さんでしたが，このヤゴと子どもたちとの感動的な出会いを通して，総合学習の主題を「湧き水」から「ヤゴ」に転換することを決意しています。

子どもたちは図書館でヤゴの生態を調べ，ヤゴの餌となるドブ川の泥の中の赤ミミズやボウフラなどを採取して，ヤゴの飼育活動が教室の一角で開始されました。ヤゴの食欲は旺盛であり，餌を集めるだけで大変な作業になりましたが，子どもたちはヤゴの羽化の感動を観察した体験から夢中になって飼育活動に取り組みました。

5月の末，図書館の資料を調べる中で，子どもたちは学校のプールにもヤゴが生息しているという事実を知り，さっそく「プールのヤゴ救出作戦」が展開されました。驚いたことに，プールのヤゴを

集めてみると，その数は数千匹にも達しました。集められたヤゴは，形状ごとに分類され，どのトンボのヤゴなのかが調査されました。一番多かったのは赤トンボのヤゴ，続いてシオカラトンボのヤゴであり，わずかですがギンヤンマのヤゴも混じっていました。子どもたちの期待に反して，オニヤンマのヤゴは一匹もいませんでした。オニヤンマは流れのある渓流に産卵するため，プールには産卵しなかったのです。しかし，プールのヤゴはほとんどが死滅してしまいます。プールにはヤゴが羽化するための草もなければ枝もないからです。子どもたちは救出したヤゴを入れる「ヤゴ・プール」をつくることにしました。幼児のときに遊んだビニール製のプールが学校に持ち込まれ，そのプールに羽化するための草と棒が据えつけられました。

　7月，子どもたちは自分たちの「ヤゴ研究」の成果を全校集会で報告することにしました。「ヤゴ・プール」のことを全校に知らせないと「いたずらされるかもしれない」という意見が全校集会の報告のきっかけでした。ほとんどの子どもたちは，それまでの経験と読書を通して「小さなヤゴ博士」になっていましたから，どの報告も細かな観察と調査に裏打ちされたものであり，どの学年の子どもたちにも興味深い内容としてまとめられていました。そして，夏休みを迎える頃には，「ヤゴ・プール」のヤゴたちも，子どもたちの成長の跡を追うように，それぞれ羽化して大空へと飛び立っていきました。一見さんは，一連の「ヤゴの羽化」の単元の学びの締めくくりとして，児童文学『ゆうすけとギンすけ』を読み聞かせて夏休みを迎えました。『ゆうすけとギンすけ』は，臆病者のゆうすけがギンヤンマのヤゴを育て羽化させる過程で成長する物語です。この物語は同じ体験をもつ子どもたちの共感をよび，ほとんどの子ども

が自ら本屋で買い求めて愛読書にしています。

そして9月，夏休みを終えた一見さんは総
合学習の単元を「ヤゴ」から「湧き水」に
戻す計画を立てていました。9月にはどの
種類のヤゴも羽化してしまい，「ヤゴ」の主題で総合学習を進める
のは不可能だからです。ところが，子どもたちの関心は持続してお
り，いるはずのないヤゴを求めてプールにでかけ，いままで見たこ
ともないヤゴを発見することになります。確かに少数でしたが，ヤ
ゴはプールに生息していました。しかし，なぜでしょう。見つかっ
たヤゴは赤トンボのヤゴに似ていますが，赤トンボのヤゴより大き
く明らかに別種のヤゴです。

　一見さんは，ここで四日市市でトンボの生態を研究している「ト
ンボ博士」の石田昇三さんと子どもたちを出会わせることにしまし
た。さっそくプールで発見したヤゴを石田さんに見せると，このヤ
ゴは日本のトンボではなく，熱帯産のウスバキトンボのヤゴである
といいます。ウスバキトンボは数千kmも南の島から自力で飛行し，
この学校のプールにたどりついて産卵したというのです。熱帯産の
トンボなので，羽化の季節が異なっていたのです。なお，ウスバキ
トンボは日本のトンボのように卵で越冬することはないので，毎年，
数千kmも飛んできたトンボの産卵したヤゴだけがその年のうちに
成虫へと羽化するのです。

　「トンボ博士」の石田さんからウスバキトンボの話を聞いて感銘
を受けた子どもたちは，さっそく「プールのヤゴ救出作戦・パート
2」を実行することにしました。プールのウスバキトンボのヤゴを
救い出し，他のクラスでも「ヤゴ・プール」をつくってヤゴの羽化

を援助する活動が展開されました。さらに，プールには，産卵する
トンボのために草やいかだを浮かべて産卵場所をつくる活動も推進
されました。特にギンヤンマの産卵を期待する子どもたちは，ギン
ヤンマの生態の研究成果を生かした産卵場所づくりも行っています。

　10月に入ると，「ヤゴ」の総合学習はさらに新たな展開をとげる
ことになります。校庭の片隅にある池を，トンボが産卵しヤゴが育
ち羽化するにふさわしいビオトープへと改造する作戦です。ヤゴの
生育の自然環境を設計しつくりだすことによって，ヤゴの研究を環
境学習へと発展させることを一見さんは提案したのです。この提案
を子どもたちは喜んで受け入れ，まず学校の池の生態系の研究が開
始されました。

　誰も注意を寄せていなかった校庭の池は濁り荒れていましたが，
いくつもの魚が生息し，小さな生き物たちが生きていました。子ど
もたちは池の生態の調査を行い，ヤゴの天敵となる大きな魚を捕獲
し保護し，池の改造について校長先生をはじめとして全校に許可を
申請する準備にかかりました。また，四日市市でビオトープづくり
を指導している専門家・芳山末一さんに来ていただき，ビオトープ
の原理や構造について教えてもらい，池の改造計画を作成しました。

　11月，池の改造計画は子どもたちには重労働でしたが，一人残
らず黙々と取り組みました。池の水抜きと掃除から始まって，雨水
のかき出し，再度の土入れ，水草の植え付け，そして水入れと作業
は着々と進行し，11月末には校庭に水草や睡蓮が植え込まれた
ビオトープが完成しました。

　1月から2月にかけて，子どもたちは「ヤゴの楽園」としてのビ
オトープづくりの中で学んだことをレポートにまとめ，全校集会で
発表する準備を行っています。この学習発表を通じて，子どもたち

は校内に「自然クラブまたは自然委員会」を設置することを提案し，校長先生の協力も得て，桜小学校全体の取り組みとして自然環境学習を推進する基礎をつくっています。こうして桜小学校4年1組の1年間にわたる総合学習は幕を閉じています。

3 学びのデザイン

学びの構造 　一見さんは20年前の新任期にも類似した実践を行っていました。彼女は私が三重大学に赴任した当初に指導した学生の一人です。憧れの教師となった1年目，一見さんは担任した3年生の子どもがいつまでも落ち着かず，苦労の中で教職生活をスタートさせています。いつも騒がしく荒れさえ見せる子どもたちに困惑した一見さんに，私は，教室で何か生き物を育て，子どもとともに学び育ち合う関わりを築くことを提案しました。偶然にもその直後，わんぱくな男の子が巣から落ちているひよどりのヒナを発見して教室に持ち込んできました。その日から，ひよどりの生態を研究しヒナを育てる総合学習が展開され，ひよどりのヒナが巣立つ頃には，一見さんは子どもたちと一体になって学び育ち合う関係を築いています。

　一見さんが意識していたかどうかは別として，「ヤゴ」の総合学習が「ひよどり」の総合学習と同型の構造をもっていることは確かです。どちらも生き物をケアし育てる活動を通して，生き物の生態を研究し，教師と子どもたちが学び育ち合う関わりを築いています。しかし，20年間の教師経験を経て，一見さんは「ひよどり」の実践では見られない専門的な見識と判断を「ヤゴ」の実践では発揮し

ています。その中核に位置しているのは，実践の過程で生起する題材の発展性を洞察して学びをデザインし，カリキュラムを創造する能力です。

| 研究としての学び |

「ヤゴ」の実践において一見さんが遂行した**学びのデザイン**は，次の3つの特徴で性格づけることができます。その第1は，「ヤゴ」との出会いを「学び＝研究」の課題として提示していることです。学びはモノとの出会いと対話であり，他者との出会いと対話であり，自己との出会いと対話です。一見さんは，偶発的に達夫が見つけたヤゴへの関心や健次が割り箸の工夫でクラスに示したヤゴの羽化の経験を契機として，「ヤゴ」をテーマとする研究活動の発展性と，子どもたちの協同と探究と表現の活動の可能性を洞察していました。4月当初に，一見さんが「湧き水」の単元に固執し，子どもの興味や関心の「ヤゴ」を即座に採用しなかったのは，子どもの興味におもねって単元を構成したのでは学びが表層的に終わることを熟知していたからです。教師自身の学びのデザインによって単元のビジョンを確かなものにすることは，子どもの学びを豊かに発展させる基礎要件です。題材を「学び＝研究」へと構成する教師のビジョンが，決定的に重要です。

　第2に指摘できるのは，一見さんの学びのデザインの確かさです。ヤゴに対する子どもたちの興味や関心を踏まえて「プールのヤゴ救出作戦」へと発展させる展開，「プールのヤゴ救出作戦」からヤゴの分類や調査を通して生態の研究へと発展させる展開，「ヤゴ・プール」で育てる活動を通してヤゴと自然環境のつながりを研究する展開，ヤゴを育てる活動を学校内に知らせる発表活動，一連の活動

の総括として『ゆうすけとギンすけ』の読書活動へとつなげる展開，そして偶発的でしたがウスバキトンボのヤゴの発見によって展開される「ヤゴ救出作戦・パート2」の展開，そこから進展したビオトープづくりの実践という長期にわたるカリキュラムは，どのステージにおいても一見さんの確かな学びのデザインに支えられて展開しています。

　第3に，一見さんの学びをコーディネートする力が挙げられます。一連の学びの展開において，一見さんは，子どもたちの学びを拡張し発展するためのコーディネーションを的確に行っています。「プールのヤゴ救出作戦」における校長との交渉，「ヤゴ・プール」による飼育活動における全校集会での研究報告とよびかけ，見知らぬ新種のヤゴとの遭遇を契機とする「ヤゴ博士」石田さんとの出会い，校庭の池をビオトープに改造する計画における校長との交渉，ビオトープづくりにおける専門家の芳山さんとの出会いなど，一見さんは学びのデザインを実行する上で重要なキーパーソンと子どもを出会わせており，その人的リソースを生かした学びの発展性を追求しています。その学びの過程で，プレゼンテーションにおけるコンピュータ・ソフト（パワー・ポイント）の技能の習得など，自然環境の保護に携わる人々との連帯や社会的活動を遂行するコミュニケーション能力と研究発表の表現技術の形成を追求している点も重要でしょう。

4 開発と評価

プロジェクト単元

一見さんの実践に表現される学びの組織は**プロジェクト単元**とよばれる単元学習の様式を示しています。「主題 – 探究 – 表現」の様式で構成される「登山型」のカリキュラム単元です。一見さんの実践は総合学習として展開されていますが、教科学習においても同様に「プロジェクト単元」によって学びをデザインしカリキュラムを創造する活動は、教師の仕事の中心的領域の一つです。

カリキュラム開発

これまでの**カリキュラム開発**は、中央の行政機関や研究機関がプログラムを研究して開発し、その開発されたプログラムを学校現場に普及する「研究 – 開発 – 普及モデル」（RDD モデル）が支配的でした。「研究 – 開発 – 普及モデル」のカリキュラム開発は、どんな教師にも耐えられる「耐教師性」（teacher-proof）のあるプログラムを志向しています。しかし、「耐教師性」のあるプログラムは、教室における教師と子どもの個性や多様性を無視しており、教師と子どもの創造性を限定して画一化する傾向をもっています。

これからの教師に求められるのは「耐教師性」のあるプログラムの遂行能力ではなく、むしろ教室において教材の発展性を洞察して子どもの学びをデザインする「プロジェクト単元」によるカリキュラムの創造です。一見さんの挑戦は、その実践のダイナミクスと可能性を表現していました。

中央機関が主導する「研究−開発−普及モデル」によるカリキュラム開発に対して，学校や教室を基盤として遂行されるカリキュラム開発を「**実践−批評−開発モデル**」として提示することができます。「実践−批評−開発モデル」においてカリキュラムは「学びの履歴」であり，カリキュラムの創造の場所は教室であり，創造の主体は教師と子どもです。そして「研究−開発−普及モデル」において開発されるのは「耐教師性」のあるプログラムであるのに対して，「実践−批評−開発モデル」において開発されるのはプログラムというよりもむしろ教師の専門家としての力量です。一見さんの事例においても，学校内の同僚間における協同研究と地域のサークルにおける教師相互の学び合いが，このプロジェクト単元とカリキュラムづくりの基盤となっていました。学びをデザインしカリキュラムを創造する教師は，その実践を批評し合い学び合う教師の同僚性に支えられて仕事を遂行しているのです。

❖読書案内❖

①佐藤学『教育方法学』岩波書店，1996 年。
　教授学，授業研究，カリキュラム研究，教師研究についての歴史と論点と課題の概要を知ることができる専門のテキスト。

②佐藤学『カリキュラムの批評——公共性の再構築へ』世織書房，1996 年。
　カリキュラムに関する基本概念，研究の動向およびカリキュラム開発に関する専門的知識が論じられている。

第 5 章

子どもを育む

（写真提供：奈良女子大学附属小学校）

　　受け持ちクラスをもつ教師の1日は多忙です。とりわけ日本の場合，担任教師の肩にかかる仕事は数多くあります。教科指導にとどまらず，生徒指導的関わりや教育相談，さらに中学生ともなると，進路指導も担任教師の役割とされます。教えることと育てること。これは，教師役割の双璧ともいえる重要な機能です。昨今のように，子どもたちの心の「問題」が多様化し，さまざまな要求が学校現場に持ち込まれる現状では，教師に期待される任務はますます重いといえます。本章では，子どもの心を育むという観点から，教師としてどのように子どもの心に寄り添えばよいかについて考えてみたいと思います。

◈**本章のキーワード**◈　　寄り添う，理解する，聴く，受け止める，
教師のメンタルヘルス

1 子どもの心に寄り添う

一つの事例から ある地方の公立小学校で自由観察させてい
ただいたときの一コマです。教師歴20年
の女性教師M先生が担当している5年生クラスで，3人の男子児
童が4年生とけんかをするというできごとが起こりました。けんか
そのものは大きな事件ではなかったのですが，5年生が4年生に手
をだしたということで，担任教師たちは5年生を4年生に謝らせる
ことが必要だと考えました。ところが，5年生3人のうちNちゃん
だけが謝ろうとしないのです。Nちゃんは，授業中もなかなか発言
できない子どもであり，「もしかしたら言葉がみつからないのかな
あ」とM先生は考えましたが，Nちゃんの様子はもっと頑なで，
何かもの言いたげに見えました。そこで，5年生はクラスに戻って
担任が指導することになりました。

　M先生は教室に入る前，いろいろと考えました。どうしたら，N
ちゃんが自分から謝る気持ちになってくれるだろう。無理矢理いわ
せるのでなく，自然にNちゃんの口から「ごめんなさい」が出て
くることが理想でした。しかし，そのときM先生には，Nちゃん
の「無言のままに訴えかけるようなまなざし」が思い出されました。
「Nちゃん，何，思っていたんやろなあ……」，M先生の口から，
つぶやきが漏れました。

　M先生は教室に入るなり，クラスのみんなに「今日は，4年生と
の間にけんかがあったけど，みんなも見てたよね。あの時Nちゃ
んは『謝りたくなかった』んだと思うのよね。そのNちゃんの気

持ち，先生も理解したいなって思うので，みんな，一緒に考えてくれる？」と投げかけました。しばらくの沈黙の後，口々に意見が語られ始めました。

　「Nちゃんは恥ずかしかったんと違うか？」
　「4年生の子ら，けっこう生意気やったから，腹立ってたんやと思うわ」
　「どう謝っていいか，わからんかったんかな……」
　「年下の子に謝るのは，プライドが許さなかったんと違うかな」
　「私だって，みんなに見られてる前で謝るの，イヤやわ」
　「M先生は，何も無理に謝れなんて，言ってなかったよ」
　「でも，みんなの前に立たされたらプレッシャーかかると思うな」
　「別の部屋で，一対一にしてあげたら，Nちゃんだってちゃんと謝れたんと違うかな」

　子どもたちの中に，何か共鳴し合う空気の流れがありました。その子どもたちの横で，Nちゃん自身，下を向きながらも小さくうなずいて一つひとつの意見に耳を傾けていました。「そうやったん？」というM先生の言葉に，Nちゃんの口から「あのとき謝れなくてごめんなさい。4年生にも悪いことしたと思ってる……」という小さな，しかししっかりした言葉が聞かれました。

子どもの心に寄り添うとは

　M先生は，Nちゃんを個別指導するのではなく，クラス全体の話し合いにより対応しました。みんなの前でNちゃんを追及するのではなく，「謝りたくなかったNちゃん」の気持ちを理解したいと考えました。私はこの言葉にハッとしました。自分のクラスの生徒が下級生とけんかし，手をだしてしまったことを謝れなかった場合，教師としては「まず，聞き糾し諭す」という行動をとるこ

とが多いのではないでしょうか。謝らせることを第一目標にした場合，「どうして謝らないの？」と詰問したくなるかもしれません。しかしM先生はそうしませんでした。Nちゃんの表情から，「謝りたくない理由」の存在に気づき，その心を理解しようと考えました。M先生は，叱るよりも，教え諭すよりも，まずNちゃんの気持ちに**寄り添う**ことからスタートしようとしたのです。

　M先生の対応は，クラス全体にも影響をもたらしました。こういう事態になると，クラスでは「Nちゃんのせいでホームルームがつぶされて，自分たちまで巻き添えになる……」という非難の空気が生じかねません。M先生は，Nちゃん一人をよびだして教え諭すのではなく，みんなの中に巻き込んで解決していく道をとりました。「Nちゃんの立場に身をおくことで，クラスのみんなにもNちゃんの気持ちを考えてもらえないだろうか」「Nちゃんには，クラスのみんなに理解してもらっているという実感をもってほしい」。M先生の行動は，頭で理解するよりも先に，身体ごとクラスの子どもたちの中に自らを投げ込むような対応であったといえます。その結果，M先生はNちゃんを裁く立場に立つことなく，クラスからもNちゃんを指弾する空気は消えました。M先生がクラスの子どもたちとNちゃんとともに一つになった瞬間でした。

　もちろん，こうした事例に対し，クラスの場で指導するよりNちゃんを個別によびだしてゆっくり話を聴くほうがいいという考えもあるでしょう。とりわけ，自尊感情が揺れる思春期という時期には，個別指導のほうが奏功する場合もあると思います。M先生のような取り組みが成功するには，教師と児童との間に十分な信頼関係が確立されていること，そして，クラスの中に互いを非難し合う空気がないことも重要な条件となるでしょう。

子どもは，人から強制されても自分の言葉を発しません。周りが理解してくれている，そう信じたときに本当の心を表現することができるのです。Nちゃんの場合も，教師が子どもの上に「君臨」する大人の立場を捨て，子どもと同じ地平に降りてきたときにはじめて教師への抵抗が消え，クラスの中で守られている自分を感じることができたのではないでしょうか。

　教師が子どもの心に寄り添おうとするとき必要となるのは，「評価者」ではなく，「理解者」としての目です。「謝らなかったNちゃん」ではなく「謝りたくなかったNちゃん」ととらえたM先生は，理解者としての目でNちゃんに近づこうとしています。教師が教壇を降り，子どもと同じ地平に立つことは，決してやさしいことではありません。教壇の上で教師は守られています。教師としての権威を保つこともできます。しかし教壇の上から見下ろすだけの教師に，子どもが心を開くことはないでしょう。

2　子どもの言葉を受け取る

　ここで，具体的な事例を離れ，子どもに接する際の心構えを，人間理解の基本に立ち戻りつつ考えてみたいと思います。

理解すること

子どもの「問題行動」に対し，親や教師など周りの大人は「困ったもの」「悪いこと」と考え，それをなくすように対応しがちです。たとえば，いじめが起こればいじめをなくすよう対処するし，教師への反抗が重なればそれを止めさせるように指導するでしょう。特に子どもの攻撃性が

他の生徒や教師に向かう場合，被害者を救うため，教師の対応は切迫したものとなります。確かに，問題とされる行動そのものをやめさせる指導は必要です。しかし，それだけでは根本的解決とならない場合も多いのです。子どもたちの「問題」とされる行動には，ある種の「意味」が込められていることが少なくないからです。たとえば，あるいじめっ子と正面から向き合い，いろいろ話し合いを重ねているうちに，その子どもの家庭で大きな「問題」が起こっている様子が見えてくることがあります。その子どもは，抱えきれないストレスを発散するためにいじめに走っているのかもしれません。もちろん，いくら「意味」があってもいじめそのものを肯定することはできません。しかし，そこで教師が子どもを理解しようと近づくことで「いじめに至らざるをえなかった事情」が見えてくることもあります。また他方，教師に対する反抗も，少し距離をおいて子どもの側から見てみると，「先生にもっと構ってほしい」「自分のことをもっと心配してほしい」という気持ちの表現だったということもあります。

　このように，子どもたちの心の「問題」がいろいろな不適応行動（特に，教師にとって「迷惑」な行動）というかたちをとって表されることは少なくありません。学校という公共の場で，ルールに反する誤った行動そのものは許されません。教師としては厳しい指導を求められることもあります。ただし，その裏に心の悩みがひそんでいる場合，「問題とされる行動」（いじめ，反抗等）だけをなくせばそれで「解決」ではないのです。子どもの「問題行動」について，それがどういう「意味」をもつのか，その行動を通して子どもたちが何を訴えようとしているのか，その根本を考えることが重要です。「わがままだ」とか「問題児だ」という言葉で切り捨ててしまって

は，子どもは大人へのアプローチを諦めてしまいます。表面的な「問題」にごまかされるのでなく，行動や症状の裏にある「意味」を理解すること，そこに子どもからのSOSを読みとるという見方が必要です。「教師にとって困った事態であるから消し去る」というのではなく，実際に困っているのは誰なのか，本当に助けが必要なのは誰なのか，そういう視点が大切でしょう。

　これに対し，非社会的行動といわれる内向的・自罰的な傾向を示す子どもの場合，教師や学級に攻撃を向けることはありません。それよりも，教師の目には「頑張り屋」「いい子」「優等生」に映ることも多いものです。こういう子どもの場合，「あの子は勉強ができるから，しっかりしているから大丈夫」……，そんな思い込みが子どもを過信し，ささやかなSOSを見落とすこともあるのです。「手がかからないいい子」が，突然，学校に行かなくなったり，非行に走ったりして周りの大人を驚かせることがあります。しかし，それは決して「突然」ではなく，そこに至るまでに必ず予兆があったはずなのです。「手がかからない」のではなく，親や教師の思い込みや安心感ゆえに「手をかけてもらえなかった」という場合もあるでしょう。レッテルを貼って安心したり切り捨てたりすることは簡単です。しかし，この「過信」や「手抜き」が，その後に大きな代償を支払わねばならないことにもつながります。子どもを**理解する**とは，多大なエネルギーを必要とする作業なのです。

> ## 聴くこと

相談活動では，相手の気持ちや要求を**聴く**ということが最も重要な役割とされます。この態度は「傾聴する」ともいわれ，単に言葉の表面的な意味を聞くだけでなく，その言葉に隠された「気持ち」の部分に耳と心を傾

けることを意味しています。しかし，いくら言葉として語られても，心と言葉がずれていたり，建前に隠されて本音がみえないということも少なくありません。特に，思春期にさしかかった子どもたちの言葉は微妙に揺れ動きます。思春期というのは，子どもから大人にさしかかる過渡期であり，自立心の裏返しである反抗心が頭をもたげてくる頃でもあります。

　この時期，子どもたちは自分の内面を語りたがらなくなることが多いものです。その背景には，さまざまな理由があるでしょう。一つは，先に挙げた思春期特有の反抗心や大人への反発が素直さを奪っているという場合です。このような子どもたちは，無理やり上から押さえ込まれるような対応は極端に嫌います。まずは，「大人臭さ」を脱ぎ捨て，子どもと同じ目線に立ちつつ横並びの関係を築くことが大切です。子どもが言葉にしない第2の理由としては，微妙な心の襞まで表現する言葉そのものをもたないということがあります。「わかってほしいのに，共有できる言葉がみつからない……」。意固地に口を閉ざしているように見えても，実はそういうもどかしい思いを抱えていることも多いものです。こうした子どもたちには，「話してごらん」とプレッシャーをかけるのではなく，言葉がつむぎだされるまで，そばにそっと座ってじっくり待つことも必要でしょう。最後にもう一つ，言葉にしない理由として子どもたちが抱きやすいのは，「親なんだから，子どもの気持ちくらいわかるよね」「教師なんだから，生徒の思いくらい，言わなくてもわかってよ」という気持ちです。これは一見反抗しているように見えながら，その実，「親は（教師は）自分の気持ちをわかってくれるはず」という幼い万能感に満ちた状態です。そうした甘えを理解しつつ，言葉できちんと気持ちを伝えることの大切さを，まずは大人の側から実行

することが求められるでしょう。

このように，子どもの心を「傾聴する」には忍耐力が必要です。子どもの言葉がじっくりと結晶化するまで待つのは，相当に根気のいる作業だといえます。そんな場面で大人がよく犯す過ちは，「先回り」という対応です。子どもが言おうとする言葉を横取りして，「それは，こうなんでしょ」と先回りしてしまうことがあります。また，大人の常識を押しつけることで，子どもの純粋な気持ちを汚してしまうこともあるでしょう。荒削りでもいいから，子どもが自分の口から真実の言葉を発するまで，心を傾けて待つことが必要です。そうした時間とエネルギーを傾けた見守りが，子どもの心の原石を掘り出す力となるはずです。

子どもの心を聴く作業においてもう一つ必要なのは，ノンバーバルなメッセージに気を配るという態度です。特に，思春期の子どもたちに見るように，素直に言葉に表現してくれなかったり，語られた言葉と心の乖離が大きかったりする時期には，言葉だけを唯一のコミュニケーション・ツールとするのは危険です。人と人とのコミュニケーションにおいて，言葉上のメッセージ以外にも，その人の気持ちを伝えてくれる材料は多様にあります。たとえば，表情や身振りといったボディランゲージは非言語的コミュニケーションの代表です。また，声の調子や抑揚などは準言語的コミュニケーションといわれ，言葉ではごまかせない本当の気持ちを伝えてくれます。顔では笑って平然と話しているのに足がガクガクと震えていたり，ぐっと握り締めた指の力から緊張や不安が伝わってくることがあるでしょう。こわばった顔，うわずった声，しきりに動く視線など，身体は言葉以上に饒舌です。そういった言葉以外のメッセージにいかに耳を傾け，子どもの本当の気持ちをすくい取れるかどうかが，

教師に問われています。

感じ，受け止めること 聴くことと同時に大切なのが，子どもの訴えを感じることです。相談活動では「共感」とよばれています。この「共感」とは，相手の立場や気持ちをそのままに感じることであり，言語レベルに加えて，心情レベルまで正確に受け取ろうと努力する作業です。相手の痛みや苦しみを，相手の気持ちそのままに感じ取ろうとすることです。ただし，相手の心情に引きずられて教師としての冷静な判断を誤ってはいけません。自他の区別なく相手の感情体験に浸りきってしまう「同情」と「共感」とは異なるのです。

さらに，相談活動においては「受け止めること」（受容）も大切な要素となります。これは，相手が話す内容を，評価せずにひとまずしっかりと受け止めるという対応です。もちろん，内容によっては子どもの非を諭さねばならないこともあるでしょう。社会の規範や校則に照らしてみると，その言動が明らかに間違っていることもあります。そうせざるをえなかったという心情に理解を示すことと，間違った行動まですべて許容することとは別なのです。しかし，子どもの非を諭す場合も，頭から相手の主張を否定したのでは，子どもが言いたかった核心部分に到達する前に，その流れを遮ってしまうことになります。教師に受け止めてもらった上で話される言葉と，最初から批判的に下される助言とでは，たとえ同じ内容であっても，子どもの心に浸透する度合いは異なってくるはずです。

自分の言葉（と，それに包まれた心）を教師がきちんと受け止めてくれたと実感できるだけでも，子どもの心はずいぶんと癒されるものです。授業をする（＝話す）スキルとともに，感じながら聴く

（＝話しすぎない）スキルを磨くことも，子どもと直接関わる教師には不可欠な資質だといえるでしょう。

子どもを見る際の2つ
の視点

ここで，子どもを見る際に重要となる2つの視点に注目したいと思います。

（1）成長の中で

　まず重要なのが，子どもを「成長のプロセスの中でとらえる」という視点です。これは，今，目の前で起こっている現象を，発達というプロセスにおける一つの通過点としてみる態度です。この視点に立つことにより，現在の状況だけで子どもを見限ったり，1回の過ちだけでその子どもの将来にレッテルを貼るような危険は回避できるでしょう。ふだんから逸脱行動の多い子どもたちの場合，（実際に叱られるようなことをよくするため）教師にも注目されることが多いものです。そんな子どもたちを最も傷つける言葉が，教師による「またお前らか」という叱責だといいます。「ふだんの行いから考えると，今度もきっとあの子たちだろう」，そんな軽い類推から出た言葉でしょうが，それが間違っていた場合，子どもたちが受ける心の傷は相当に深いものです。「先生は，どうせ自分たちを信じちゃいない」「これじゃ，改心しても無駄じゃないか」と，教師不信を強め，自暴自棄を起こすことにもなりかねません。子どもと直接関わる大人には，過去のできごとからすべてを決めつけるのではなく，子どもの成長可能性や可塑性を信じる姿勢が必要です。子どもは日日成長し，ダイナミックに変化していく存在なのです。

（2）つながりの中で

　次に挙げたいのは「つながり（関係性）の中でとらえる」という視点です。子どもに限らず人間は，常に関係性の中で生きています。

一人の子どもをめぐる人間関係は，複雑なネットワークをなしているといえます。今，問題行動を起こしている子どもが，どういう背景をもち，どんな環境に生きているのか，そういう観点からとらえないと子どもが抱える問題の本質は見えてきません。

とりわけ学校内の人間関係は複雑です。仲間集団でのちょっとしたいざこざが心の「問題」にまで発展することもあれば，その「問題」が解決され癒されるのも仲間との関係性の中であることが多いものです。そういう点からも，子どもを取り巻く人間関係の中で問題をとらえ解決していく姿勢が重要になってきます。先に挙げた N ちゃんの事例でも，一人の存在をクラスの中で抱えていくことの大切さが指摘されました。子どもが日々生きている日常の場の中で，子どもの人間関係を大事にしつつ関わっていく視点を，教師は大切にしたいものです。

3 教師‐子ども関係が陥りやすい落とし穴

以上述べてきたことは，「教育活動に心理臨床（カウンセリング）的な観点を取り込む作業」と言い換えることも可能でしょう。ただし，教師と子どもの関係は，カウンセラーとクライエント（来談者）との関係とは異なっています。また，学校という場は，相談室という空間とはまた違った意味をもっています。そういう状況の中，教師がカウンセラー役を兼ねることの難しさについて考えてみたいと思います。

教師がカウンセラーに
なる際の難しさ

教師とカウンセラーとは，子どもの心身の
健全な成長のために力を尽くすという役割
においては共通しています。教育という活
動にカウンセリング的な見方を加えることも，非常に大きな意味を
もっています。特に子どもたちの心の「問題」が複雑化している現
在，教師がカウンセラー的な力をつけることは不可欠であるといえ
ます。しかし，教師がカウンセラーになりきることは，それほど簡
単なことではありません。その難しさについて，考えてみたいと思
います。

まず，一つは「個と集団のジレンマ」という難しさです。教師は，
クラスという集団を相手にしなくてはなりません。カウンセリング
の基本は個人です。学級という集団を前にして，一人ひとりを大切
にするのは重要だけれども難しいことです。個々の子どもの思いが，
クラス全体の方向性とズレるということも少なくありません。一人
をじっくり待つことが，全体の歩みを止めてしまうこともあるので
す。一人の子どもを守ることが，別の子どもには贔屓と映ったり差
別感を生むこともあるでしょう。もちろん，だからといって教師は
集団だけをみていればよいということではありません。個を大切に
すること，全体を見ながらも一人ひとりに心を配ること，これは教
育においても重要な視点です。実際，このジレンマを克服し，教師
役割とカウンセラー役割を統合している教師にも多く出会います。
このジレンマの克服は，難しいけれども，集団の前に立つ教師が意
識してめざすべき目標であるといえます。

次に「評価する立場」と「評価される立場」という上下関係（力
の不均衡を伴う関係）による縛りがあります。教師は子どもにとって，
完全に対等ではありません。体力的にも権力的にも，教師のほうが

3 教師−子ども関係が陥りやすい落とし穴　97

「上」に立っているのです。人は誰しも，自分を評価する者に，自らの弱い部分や醜い部分を語ることに抵抗を感じるものです。教師というだけで，子どもとの間に溝が存在しているといってもよいでしょう。その溝を埋めることは容易なことではありません。心がけるべきことは，溝を完全になくすことではなく，溝が存在することを率直に認め，そこからスタートすることです。時には教師のほうから溝を乗り越え子どもに寄り添うことも必要となるでしょう。

　さらに，担任教師の心の中には「自分が何とかしたい」「何とかしなければ」という使命感があります。これは，子どもを育む教師にとって大切な資質です。しかし，この使命感も度を過ぎると，子どもの自由を奪う危険性があります。「自分が何とかしないと」と抱え込み，「自分一人で」と頑張りすぎることが，「問題」の解決を遅らせることもあるでしょう。担任クラスの生徒が他の教師やカウンセラーに悩みを相談していると聞いただけで，気になって落ち着かなくなったり嫉妬心が起こってくるという教師もいるでしょう。「子どものために」「自分のクラスの子だから」という名目で子どもを支配し，場合によっては，心の中にまで土足で踏み込むような対応に陥る危険性もあります。これは，「支配の構造」という落とし穴です。カウンセリングは，「契約」という枠で守られているからこそ，安心して自分をさらけだすこともできるのです。「支配の構造」は，教師－生徒関係の中で無理にカウンセリング関係をつくろうとする際に陥りやすい落とし穴といえます。

落とし穴に陥らないために

　心の問題を抱える子どもが増えている中，教師がカウンセラー的な資質を身につけることの必要性は多大です。子どもに向ける

理解のまなざし，子どもの心に配慮した温かい声かけ，子どもの言葉を根気よく待つ余裕などは，教師として身につけておきたい資質です。

　しかしその一方で，支配の構造がもたらす危険性も見えてきました。こうした落とし穴に陥らないために，教師として心得るべきことは何なのでしょうか。一つは，子どものことを人間として最大限に尊重することです。これは，人間同士，真摯に子どもの言葉に耳を傾けることにも通じます。子どもから相談を受けたりすると，頼られたことがうれしくて，その子どものことがすべてわかったかのような気になることもあります。しかし，人の心をそのままに理解するのは不可能です。「教師なんだから子どもの心はわかっている」「教師は子どもの心を理解すべきだ」と思うのは，不遜な思い上がりなのかもしれません。「人間の心はわからない。だからこそ，少しでも理解できるよう真摯に聴くことが大切なんだ」という意識に立ち戻ることが必要でしょう。

　もう一つ，子どもの心を知る・理解すると同時に大切なのが，教師が自分自身を知る・理解するということでしょう。自分の心の闇（欠点や弱み，コンプレックスなど）が把握できていないと，人の話を冷静にかつ中立的に聴くことはできません。子どもの苦しみに共感しているように見えながら，実は自らのコンプレックスに触れてしまい，教師という立場を忘れ，心が揺れてしまうということもあるからです。一人で抱え込む前に，自分の限界，教師としての限界を知り，今，誰がどのように関わるのがその子にとって一番有効かということを冷静に判断できる力も必要です。

担任教師として　教室は，相談室のように「守りの枠」をもっていません。時間的にも空間的にも守りのない中で，心の深い部分に触れることは危険な作業です。学校現場では，子どもの心に耳を傾けつつも，日常生活の中で起こってくる勉強や進路選択など現実的な課題に対する具体的な対応を考えることも重要です。

　また他方，学校現場では，個と集団の矛盾に迷うこともあるでしょう。大切なのは，その矛盾を抱えながら，その都度そこに立ち止まり，目の前の子どもとしっかり向き合うことです。カウンセリングの理論や技法をそのまま鵜呑みにするのではなく，そのエッセンスが教育という日常の実践において真に生かされたとき，その理論や技法がはじめて意味をもつものになるでしょう。教師が教師としての専門性を存分に発揮してこそ，教育相談としての役割もより輝きを増すものとなるのです。学校に心理臨床の空気が行き渡りつつある今こそ，従来の個人面接の技法に縛られず，集団の力を生かしながら教師にしかできない新たな教育相談のあり方を充実させる機が到来したといえるのではないでしょうか。

4 守りの器をつくる

　以上のように，教師には子どもを教え育てる力が必要とされます。こうした教師に支えられ，学校という器に守られてこそ子どもたちは心身ともに成長していくのです。

　しかし，その一方，昨今の学校現場の実態に触れるとき，教師も大きな危機にさらされている状況にしばしば出会います。多様化す

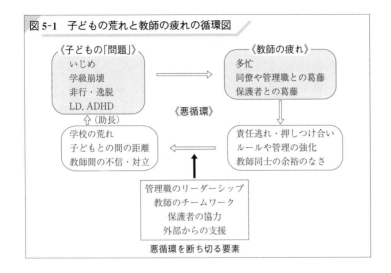

図 5-1　子どもの荒れと教師の疲れの循環図

《子どもの「問題」》
いじめ
学級崩壊
非行・逸脱
LD, ADHD

↑（助長）

《悪循環》

学校の荒れ
子どもとの間の距離
教師間の不信・対立

《教師の疲れ》
多忙
同僚や管理職との葛藤
保護者との葛藤

責任逃れ・押しつけ合い
ルールや管理の強化
教師同士の余裕のなさ

管理職のリーダーシップ
教師のチームワーク
保護者の協力
外部からの支援

悪循環を断ち切る要素

る子どもの「問題」を双肩に担わされる教師自身にも「守りの器」が必要です。そこで4節では，**教師のメンタルヘルスの問題**についても検討しておきたいと思います。

子どもの荒れと教師の疲れ

　学校現場の「問題」が多様化する中，子どもの心を育むべき教師にとって，心の健康を維持することは大きな課題です。図5-1に示したように，子どもの心の「問題」が起こると，教師はその対応に奔走させられることになります。そして，その多忙さがストレスを生み，バーンアウト（燃え尽き症候群）に発展するのです。そしてそれらの弊害は，一教師の中にとどまりません。あるクラスの「問題」が学年の「問題」へ，さらには学校全体の「問題」へと波及することもあるでしょう。余裕がなくなった教師同士に不信感が

広がり，互いを非難したり責任を押しつけるという空気が生まれることも珍しくありません。逸脱行動や学級崩壊という現象は，力で管理する指導をもたらし，それがますます教師と子どもの間の距離を広げる結果になってしまうこともあります。場合によっては，保護者との間に溝を広げることもあるでしょう。こうした教師集団の歯車の狂いが，子どもの「問題」をますます助長するというかたちで，学校全体が悪循環の轍にはまってしまうのです。

この悪循環を断ち切るには，どうすればよいのでしょうか。必要なことの一つは，管理職のリーダーシップだといえます。教師の疲れが教師間の不信や対立にまで発展しないように，問題を共有し学校全体で取り組むことが必要です。子どもとの葛藤で深い心の傷を負った教師一人を追い詰めるのではなく，その傷を癒しながら子どもに向き合える勇気を支えることが急務とされます。そのためにも，一つのクラスの問題を担任教師だけに背負わせず，学校として分け持つと同時に，教師自身が悩みを吐露できる空気をつくる努力が求められます。また，場合によっては，学校内で抱え込まず，保護者や地域の協力，さらには外部機関の専門家等の支援を得ることも有効でしょう。

学校の荒れと教師の疲れが悪循環の構造に組み込まれる前に，その連鎖を断ち切り，教師自身が（そして学校も）真の「健康」を回復することが求められます。

M先生を支えたもの

ここでもう一度，M先生の事例に戻ってみたいと思います。M先生は，日々，子どもたちとの裸のぶつかり合いに遭遇していました。教訓も説教もない中で，さりげなく心の授業を展開されるM先生。子どもと体

当たりでぶつかっていくパワーと謙虚さ。何がM先生を支えているのでしょう。M先生は，私の疑問にこう語ってくれました。「私も昔は子どもをどう理解したらいいか，悩みました。頭で理解しようとしてたんですね。でも，レク（レクリエーション）を通して，子どもたちに身体でぶつかる大事さを知りました。それと，カウンセリング研修を受けて，自分自身，迷いながら学ぶ中で，無理しなくていいんだと思えるようになったかな……」と。

　教師の中には，時に，頭で理解し冷静に対応しようという傾向がみられます。ガッチリ理論武装し，完全無欠を誇る教師もいます。しかし，子どもたちはその教師の鎧を警戒します。教師自身が鎧を脱いで自然体で子どもとぶつかるとき，子どもは本物の反応を返してくるものなのかもしれません。ただし，教師が子どもたちに等身大の自分自身をさらすというのは，勇気のいることです。素のままの自分で大丈夫，そんな自信も必要でしょう。その勇気や自信の欠如が，子どもの前で虚勢を張ったり，子どもに対して空疎な権威を振りかざしたりという堅い殻をつくってしまうことにもつながります。鎧に代わる本当の勇気と自信を身につけることが，生身の教師には必要であるといえるでしょう。

　もう一つ，M先生には秘密がありました。M先生の学校は，職員室に流れる学校全体の雰囲気がどうも違っていたのです。新任教師もベテラン教師も，自分のクラスでの失敗を，何の抵抗もなく共有していました。職員室でクラスの失態を語っても，お互いに自分のクラスのことのように受け止める。一緒になって怒ったり悲しんだりしつつも，子どもを語る言葉にトゲはない。みんなで責任を担っているため，誰かを（担任教師や特定の学年を）責める空気も起こらない……，M先生の自然体も，そういう職員室の中でつくられ

ているようでした。

　教師が子どもたちの前で素の自分を出すためには，まず，職員室で裸になれる空気が必要でしょう。教師は，「一国一城の主」であり，その教室は，ややもすると密室化しやすいといわれます。教師のプライドや勤務評定への気遣いから，教室の中の悩みを一人で抱え込んでしまうこともあるでしょう。教師自身が自らを開き，自らのクラスを開くということは，決して容易なことではないのです。まずは，職場の同僚や管理職への信頼感が不可欠です。互いのミスを共有し，かばい合える精神的な余裕も必要です。教師一人ひとりの自信と勇気は，学校全体の信頼関係と協力体制に支えられてはじめて身につくものではないでしょうか。

器となるには

子どもにとって，教師は器です。器に求められる役割は，子ども一人ひとりに真正面からぶつかり，理解し，受け止めていくという作業です。この器に守られてこそ，子どもはのびのびと成長することができるのです。そして，器としての教師には，子どもの言葉に真摯に耳を傾け，言葉にならない叫び（これは，行動として現れることが多いのですが）にも耳を澄ます根気強さを備えるとともに，子どもの心に寄り添っていく繊細さも必要でしょう。しかし，教師が守りの器として機能していくためには，器もまた守られていなくてはなりません。そのためにも，教師自身が自らの限界を知り，弱さをもった人間として正直にかつ真摯に子どもと向き合うことが大切です。

　今，学校は，大きな時代の波に翻弄されています。子どもや保護者をめぐる「問題」の数々，そして，さまざまな教育改革も押し寄せています。子ども社会も大人社会も，個が分断されがちな今だか

らこそ，子ども同士の関係を丁寧につむぐ手が必要です。そして教師には，子どもと教師の絆，教師同士のつながりを大切に，器としての教育をつくっていくことが求められているのです。

❖読書案内❖

①近藤邦夫『教師と子どもの関係づくり――学校の臨床心理学』東京大学出版会，1994 年。
　子どもの問題や成長の過程を，子どもが生活する学校や学級というシステムの中で考えようという視点から著された「学校臨床心理学」。

②河合隼雄／河合俊雄編『大人になることのむずかしさ』岩波書店，2014 年。
　現代社会における「大人になる」ことの難しさ，子どもたちが直面している諸課題をともに考えるための好著。

③春日井敏之・伊藤美奈子編『よくわかる教育相談』ミネルヴァ書房，2011 年。

④伊藤美奈子・平野直己編『学校臨床心理学・入門――スクールカウンセラーによる実践の知恵』有斐閣，2003 年。

Column ④ 『こころ』の「先生」 ～～～～～～～～～～～～～～～～～～～
　夏目漱石晩年の作に『こころ』があります。これは，大学生の「私」が「先生」と出会う場面から始まり，「先生」の遺書で結ばれています。2 人の出会いは偶然です。しかし，静かな「先生」に対し，「私」は「近づきがたい不思議」と同時に「どうしても近づかなければならないという感じ」に突き動かされ，運命的ともいえる強さで私淑していきます。

「私」にとって「先生」とはどんな存在だったのでしょうか。「人間を愛し得る人，愛せずにはいられない人，それでいて自分の懐に入ろうとするものを，手を広げて抱きしめる事の出来ない人」——これが「先生」でした。「先生」自身の過去には，激しい人間不信と，深い自己否定が大きな影を落としています。〈人を信じたい，でも裏切られるのは怖い，だから自ら関係を絶つ〉……そういう淋しい人生を生きてきた「先生」。その「先生」から「私」は「生きた教訓」を得たいといいます。「先生」の人生そのものに不思議な魅力を感じた「私」は，「先生」からいくら冷たくあしらわれても「もっと前に進めば，私の予期するあるものが，何時か目の前に満足に現れてくるであろう」と信じていました。「先生」に惹かれる「私」の思いは，人生を知りたいという真摯な祈りでもありました。しかし裏切られた過去をもつ「先生」は，今度は自分が裏切ることをおそれ，安易に自らを語ろうとしません。その実，どこかで「人を信用して死にたい」という思いも強いのでした。その思いが「私」の真面目さをとらえ，自らの過去を語りたいという衝動につながります。いつも静かな「先生」が「自分の心臓を破って，その血を私に与えようとした」のは，死を決意したときでした。それゆえ，「先生」の遺書は自らを生きた教材として投げ出す覚悟に満ちており，「私」の真面目さに負けないまっすぐな激しさがあります。

　偶然の積み重ねのような人生において，時に，「どうしても近づくしかない」という出会いがあります。その出会いゆえに，すさまじい苦労や大きなリスクを背負うこともあります。それでも不思議な魅力に引きずられ，極限まで近づくしかないのです。「私」にとって「先生」との出会いは，そんな運命的必然であったといえるでしょう。

（参考文献：夏目漱石『こころ』岩波書店，1967年）

第6章　生涯を教師として生きる

(写真提供：左，山梨県身延町立身延小学校　古屋和久学級，
　　　　　右，山梨県南アルプス市白根百田小学校　山口あずさ学級)

　生涯を教師として生きることはいったいどのような経験なのでしょう
か。短期間，教師を体験することと，生涯を教師として歩むこととの間
には，どのような違いがあるのでしょうか。また，教師として生きる人
生にはどのような困難と喜びが待ち受けているのでしょうか。

　誰もがはじめから一人前の教師ではありえません。教師は，専門教科
や授業についての研究，子どもたちとの出会い，そして同僚，先輩の教師，
保護者等との交流等を通して，時間をかけて教師として育っていきます。
その間には，いくつかの危機があり，ターニング・ポイント（転機）が
あります。危機への直面を意味あるターニング・ポイントにつなげるこ
とができるかどうかは，教師としての成長の質を大きく左右するファク
ターであるといえます。本章では，教職生活におけるいくつかのターニ
ング・ポイントに注目しながら，教師の人生行路をたどっていきます。

◈本章のキーワード◈　　ターニング・ポイント，リアリティ・ショ
ック，イニシエーション，アイデンティティ，キャリア・ステージ

1 教育実習から新任の教師へ

教育実習は，教員免許の取得を求める者が
免許取得以前に行う教育現場での教育活動
です。大学の教職課程において教員免許を取得するには，教育実習
を経験する必要があります。

教師になるために教育実習が求められるのは，教職という専門職
の性質に深く関わっています。教師の仕事は，あらかじめできあが
っている理論を子どもたちに当てはめれば事足りる仕事ではありま
せん。現実の子どもたちの生活，関心，実態を見取り，そこから状
況に即した理論を生み出し，専門家としての自己を育てていく仕事
です。ですから，教師が教師になるためには，何よりも教育現場に
立つことが必要です。未熟であってもまず教育現場に立つところか
ら教師としての第一歩が始まるのです。

この教育実習の経験は，実習生にとってどのようなものでしょう
か。多くの場合，「衝撃」と「感動」がもたらされる密度の濃い経
験がそこにはあります。はじめて子どもたちの前に立ったとき，実
習生は，自分が子どもたちからみつめられる存在であることに気づ
きます。そして，自分がその立場になった途端に，これまで強いと
思っていた教師という存在が，あまりにも脆い存在であることに驚
きます。また，自分の言葉が宙に浮いて，子どもたちに届かない経
験や，休み時間にはあんなにはしゃいでいた子どもたちが授業に入
った途端に重く黙ってしまい，自分の学びの浅さを悔いる経験もあ
るに違いありません。多くの実習生は，教育現場に立つことで，教

師の仕事が予期していたものとは違うという「衝撃」を経験します。

　さて，「衝撃」を受けた実習生は，どうするのでしょうか。実習生の多くは，子どもたちに懸命に「応答」しようとします。子どもたちの熱いまなざしを受け，この子どもたちが生き生きと学ぶためには，どのような教材をどのようなかたちで提示したらいいのだろうか，どのような問いかけをしたらいいのだろうか，と自問自答します。これまでの自分の学び，経験のうちから子どもたちに届く確かなものとは何だろうか，と悩みつつ，考えます。そして，子どもたちの反応を引き受けて，実習生の自己内対話として行われる「応答」が，実習生を変えていきます。それまで自分自身の中にあったバラバラな糸くずのような教育についての思いや経験が撚り合わされ，一つの芯が生まれます。自己との格闘を経験したのち，実習生は子どもたちとの関係が変わったことに気づかされます。そして，実習が終わると，子どもたちとともに学び，成長したという「感動」をおみやげとして抱えて，生き生きとキャンパスに帰っていきます。以上は教育実習の経験の一つの典型例です。

　教育実習は深く心を揺さぶられる経験であるため，教育実習をやり遂げることで，少なからぬ数の実習生が，教職への思いを強くするなど，人生の選択に大きな影響を受けます。静岡大学教育学部を卒業した教師たちを対象としたライフコース研究でも，「自分の職業として教職を心に決めた一番大きなきっかけ」として「教育実習の経験」が 20% 近くに上ることが明らかにされています（山﨑[2012], 95-96 頁)。これは「小・中・高の教師の影響」につぐパーセンテージの高さで，「教育実習の経験」は教職という仕事の選択においてとても重要な意味をもっているといえます。また，この調査研究では，おおむね若い世代になるほど「教育実習の経験」の影

響が強くなっているという興味深いデータも出ています。教職生活
以前の経験ではありますが，教育実習は，教師の仕事の一部を体験
することでその後の進路に大きな影響を与える一つの**ターニング・
ポイント**を形成しています。

新 任 期

教育実習を終えて，教師を志す人々は，各
都道府県および政令指定都市の教員採用試
験等の関門をくぐり抜けて，正式に教師として採用されます。私立
学校では，学校ごとの採用が一般的です。自治体，学校種，教科に
よる違いがありますが，教員採用試験は決して容易なものではない
ので，近年は，非常勤講師等を数年経験したのち，正式に採用され
るというケースも増えています。

　教師にとって新任期とはどのようなものなのでしょうか。ここで
は，1997年にNHKで放映された「教師誕生」というドキュメンタ
リーを一つの手がかりとして，教師にとっての新任期の意味につい
て考えていきたいと思います。このドキュメンタリーは，1996年
に青森県弘前市の小・中学校で採用された4人の新任教師たちの教
師1年目の格闘と喜びをとらえたすぐれたドキュメンタリーです。

　中学校に赴任したかつて野球部のエースだった男性教師は，はじ
めて子どもたちの前に立ったときの気持ちを「ツーアウト満塁のマ
ウンド」に立っているようだったと表現しています。新卒で小学校
1年生の担任を任された女性教師は「みんなも1年生，先生も1年
生」と自己紹介をしながらも緊張で声がかすれています。緊張と不
安で始まる教師生活のスタートです。それでも，ドキュメンタリー
を最後まで見ると，緊張と不安から出発した新任教師たちが1年間
の教職生活を経て，大きく成長したことが伝わってきます。

さて，当初は緊張と不安でいっぱいだった新任教師たちを成長さ
せた要因は何だったのでしょうか。先述の静岡大学教育学部の卒業
生を対象としたライフコース研究によると，「最初の赴任校時代，
教職活動の方針を決め，具体的方法を判断・選択する際に役立った
もの」として，「児童・生徒との日常の交流」と「経験豊かな年輩
教師のアドバイス」が双璧をなしていることがわかります（山崎
［2012］，111-13頁）。新任教師たちは子どもたちとの日々のふれあい，
あるいは格闘を通して，子どもたちが求めているもの，必要として
いるものを学び，経験豊かな年輩教師の助言を受けながら，教育の
方法を模索していきます。新任期の教師にとっての日々の教育活動
における子どもたちとの交流と，教育現場で培われてきた経験の伝
承の大切さは，他の調査研究でも共通して指摘されています。
　「教師誕生」でも，4人の先生たちは子どもたちとの日常の交流
の中で一人ひとりの子どもが生き生きと学べる授業をつくる難しさ，
一人ひとりの子どもが納得できる生活指導の難しさに直面します。
これらの問題は，教職生活を通して実践的に深めていくべき課題で
あり，簡単に解決することはできません。しかし，4人の新任教師
たちは，経験豊かな先輩の教師たちのアドバイスを受けながら，そ
れらの問題に対応し，さまざまな危機を乗り切っていきます。「教
師誕生」のドキュメンタリーが今もなお私たちの心に響くのは，新
任の教師の成長にとって最も大事な「児童・生徒との日常の交流」
と「経験豊かな年輩教師のアドバイス」のシーンを的確に切り取っ
ているからだと思われます。
　また，4人の新任教師のうち，非常勤講師の経験なく新卒で採用
された2人の女性教師は，子どもたちと格闘した1年間を過ごした
あと，異口同音に，思っていた以上に子どもたちが自力でいろいろ

なことができることに気づいた，ということを語っています。これは1年間の経験を通した子ども観の変化といえます。同時に，教師の役割についてのとらえ方も変化していきます。教師の仕事は「裏方さんのようなもの」であることに気づいたと語る1人の女性教師は，子どもを操作する対象ではなく，学び・育つ主体としてとらえる見方を，自分の中に育てたということができるでしょう。

　ところで，教師たちの間では，「教師になってからのはじめの3年間がその後の教職生活を左右する」という言葉がしばしば語られます。なぜ教師にとってはじめの3年間が大きな意味をもつのでしょうか。この問いの一つの答えとして，最初の3年間は，教師の仕事とはいったいどのようなものなのかというイメージを育む大切な時期であるということが挙げられます。

　すでに見てきたように，多くの教師たちは，「小・中・高の教師の影響」や「教育実習の経験」を通して，教職にあこがれを抱き，採用の難関をくぐり抜け，新任期というステージを迎えます。しかしながら，小・中・高の経験は教育を受けた側からの経験ですし，教育実習の経験は限られた時間での経験にとどまります。また，教育実習では，子どもたちを評価するということは原則的にありませんので，実習生は若いお兄さん，お姉さんとして子どもたちに受け入れられる場合が多いのです。したがって，教職に就く前に抱いていた教師と子ども関係についてのあこがれや教職イメージは，現実をくぐり抜けていないまさにイメージですから，しばしば教育現場の中で厳しい試練に遭うことがあります。これを**リアリティ・ショック**といいます（Ball & Goodson eds.［1985］, p. 31）。

　リアリティ・ショックには，「教師誕生」の例のように，現実の子どもが新任教師の想定をはるかにはみ出る存在であることに気づ

かされることや，赴任した学校がいわゆる「荒れた」学校で，子ど
もたちが新任教師のいうことを聞かず，逆に教師のほうが試される
ことや，教育に理想を求めた新任教師のさまざまな取り組みが厳し
い現実を生きる子どもたちを前に空振りに終わること等が含まれま
す。

　学び手として経験する教室の風景と，教える側として経験する教
室の風景はまったく違っています。学び手は自分の学びに集中する
ことを求められますが，教える側はすべての学び手に配慮をするこ
とを求められます。さまざまな学びの要求が渦巻く教室で，すべて
の学び手に配慮し，各々の学びを高めていくということは，決して
たやすいことではありません。さらに，教師がこれまでその中で育
ってきた文化と子どもたちが今生きている文化の間には，世代的に
も，質的にも，ギャップがあります。これをすり合わせながら，学
びの空間をつくっていくことが教師には求められます。そのために
は，教師はいったん異文化としての子どもたちからショックを受け，
自らの世界を広げることが必要なのです。ですから，リアリティ・
ショックは，一つの危機であるとともに，教師になるための必要な，
最初の**イニシエーション**（通過儀礼）であるともいえます。

　さて，このリアリティ・ショックを乗り越える方法は，大まかに
いって，2通りあるように思われます。一つの道は，「教師誕生」
のドキュメンタリーに出てくる教師たちのように，新任期特有の親
しみやすさを大切にして，たとえ拙くても，目の前の子どもたちと
格闘しながら，ともに歩む道です。そして，先達の教師たちの励ま
しの中で，これまでの子どもについての見方，教師の役割について
のとらえ方を見直しながら，自らを育てていくあり方です。そして，
もう一つの道は，子どもたちにナメられまいと主観的に教師らしく

ふるまい，自分の子どもについての見方，教師の役割のとらえ方に固執するあり方です。しかしながら，誰もが最初から一人前の教師ではありえないわけですから，プライドを傷つけられまいと子どもたちや年輩の教師たちから学ぶ回路を閉ざしてしまうと，成長の機会を自ら失うことにもなりかねません。つまり，主観的に教師らしくふるまうことが，子どもたちからの信頼を得られる本当の教師らしさを育てることを妨げるというパラドックスが生まれるのです。

　教師が専門家として一人立ちする（自分の授業を確立し，常識より一段深い子どもの見方を身につける）には，多くの場合，15年から20年の歳月が必要です。その間，量的な積み重ねだけではなく，質的な変容（ものの見方が変わること）もまた求められます。教師が子どもたちの存在から学ぶことによって変容することで，多様な子どもたちの学びと育ちを支えることが可能になるのです（金子ほか編［2018］）。また，専門家として自分の授業を創り上げて，教育実践記録を世に問うている教師たちの多くは，新任期から数多くの試行錯誤と格闘の経験をもっています。

　新任期は，リアリティ・ショックという危機への対応をめぐって，教職生活の一つのターニング・ポイントを形成しています。新任期における，教師の仕事，教師の役割のとらえ方の深さが，この後の教師としての成長の可能性を大きく枠づけるように思われます。

2 教師としてのアイデンティティの模索

教職へのコミットメントとアイデンティティの問い

無我夢中の毎日を過ごしながら, 新任期の荒波を乗り切った教師たちは, 周りが見えてくる 4, 5 年目からいよいよ次のステージに踏み出します。小学校なら 6 年間, 中学, 高校なら 3 年間, 子どもたちの入学から卒業までの生活をともに過ごすことで, ずいぶん子どもたちの様子は見えてくるものです。子どもたちの様子が見えてくれば, 教師の中でいくぶん気持ちの余裕が生まれます。そうなると緊張と不安のステージはなんとか卒業です。もちろん, 教師の仕事は, 「不確実性」がつきまとう仕事であり, 生涯にわたって, 緊張と不安が伴う仕事だといえます (稲垣・久冨編 [1994], 21-41 頁)。しかし, 経験による下地ができることで, 4, 5 年目から緊張と不安の質が変わってくるのは確かでしょう。

それでは, 周りが見えてくることで楽になるばかりかというと, そうとはいえません。見えてくることで同時に自らの課題が浮かび上がってきます。国語教師としてすぐれた教育実践を行ってきた大村はまさんは, 「卒業したてで, 『先生, 先生』と呼ばれることさえくすぐったいような時代には, 子どもといっしょに遊んでいて, まつわりつかれればうれしくなっていられましょうが, ある年齢までくれば, そういったことでは癒されないような自分のむなしさのようなものが, 胸に突き上げてくるだろうと思います」(大村 [1996], 106 頁) と述べています。当初は「子どもが好き」という思いだけで教職に向かった教師たちも, 4, 5 年目になると, もう少し確か

なものを得たいと思うようになります。そして，より大きな社会的文脈の中で自分自身の仕事の意味を確認し，教育実践を確かなものにしたいという思いが湧き上がってきます。子どもと関わることに精一杯だった新任期を過ぎてはじめて，自分はどうして教師でありうるのかという**アイデンティティ**の問いに直面することになるのです。この教職アイデンティティの問いを，40 年以上にわたって中学校の教師を務めてきた大村はまさんは，「（いくら子どもと遊んであげても）いちばん大事なことをちゃんとやっていながらではないと，教師自身の自己がこわれてしまう」（同前書，106 頁）という言葉で表現しています。

　自分はどうして教師でありうるのかというアイデンティティの問い，存在証明の問いは，この後教職生活を通して，向き合い続けなくてはならない問いです。とりわけ，教師にとってのターニング・ポイントには，この問いが大きくクローズ・アップされます。この問いに，どのように応答するかによって，各々の教師の教職生活の軌跡は大きく違ってきます。新任期のイニシエーションを終え，次のターニング・ポイントとなるこの時期，教師たちはアイデンティティの問いにどのように向き合うのでしょうか。

　一つの道として，自らの授業の質を高めるという応答があります。これまでの見よう見まねの「授業」から脱却して，自分自身のオリジナルな教育実践を育てる試みです。教材研究を深め，教育方法を工夫し，教えることの専門家として自分自身を確立する道です。欧米の教師研究でも，はじめは教室を秩序立てることだけで手一杯だった教師たちが，新任期を乗り越えると，「授業」に関心をもち，教育実践の工夫に力を注ぐ時期に入るといわれています（Ball & Goodson eds. [1985], pp. 27-60）。

個人的な葛藤を社会的
な課題として共有する

ところで，自分自身の教育実践を育てていくとはいっても，これは一人きりではできません。これまで，日本の教師たちは，民間教育研究団体や研究サークルに参加することで，同じ問題関心をもつ教師や研究者から学びつつ，自分自身の教育実践を育てていきました。戦後の教育実践を切り拓いた教師たちの多くは，民間教育研究団体や研究サークルとの出会いを通して，教師の仕事の奥行きに気づき，そこから知識の伝達を越えた教育実践を生み出してきました。まさに「教師にとって，同じ使命をもつ仲間と出会い，個人的な葛藤を社会的な課題として共有（シェア）していくことが，教職への士気を高め，教師としての自己を育てていく上で，欠かせない」ことだといえるでしょう（久冨編［2003］，396頁）。

鈴木正氣，山本典人，若狭蔵之助といった戦後の教育実践をリードしてきた教師たちも，民間教育研究団体への参加を通して，自らの教育実践を模索し，教師としての**キャリア・ステージ**のこの時期に，はじめてオリジナルな教育実践を発表しています（同前書，267-401頁）。

教師としてのアイデンティティの模索には，授業の質を高めるという応答のほかにも，校務分掌において責任ある立場に立つことで広い意味での学校運営に寄与することや，学校行事や学年行事を担うことで子どもたちのさまざまな面での育ちを支えるという応答もあるでしょう。この章のはじめに述べたように，誰もがはじめから一人前の教師ではありえず，教師として育っていかなくてはなりません。そのためには，教職アイデンティティを育てる軸が必要になってきます。新任期を終えて次の中年期に入るまでのこの時期は，教職に参入した人々が，自らの教師としての軸，すなわち，自律的

に専門性を深めるテーマを模索することで，子どもたちの学びと育ちを支えうる専門家に育っていく大切な時期であるといえます。

3 中年期の危機

中年期の危機とは

さて，教職に就き，15年ないし20年ほどの歳月が流れると，ここまで直面してきたいくつもの課題と向き合うことで教師としての自己を育ててきた教師たちは，一通りの仕事を身につけます。授業においても，生活指導においても，教師として期待される水準でのふるまいができるようになります。この時点で，教師は職業的社会化（その職業で必要とされる技能やふるまいを習得すること）を終え，一人前の教師になったといえます。

ところが，近年，教師の仕事が困難になる中で，ようやく教師としての役割を身につけた時期に，新たな関門が待ち受けていることが指摘されています。ちょうど中年期にさしかかる頃の難しさですので，ここではこの関門を「中年期の危機」と名づけることにします。

1931（昭和6）年に長野県師範学校を卒業した教師たちのライフコースを追った調査研究では，教師としての力量形成の契機となった経験は，34歳までの時期にその多くが集中しており，加齢とともに減少するという傾向にありました（稲垣ほか編［1988］，84-85頁）。これに対して，1949（昭和24）年に長野県師範学校を卒業した教師たちのライフコースを追った調査研究では，新任期と中年期に2つの山がある形に変わっていました。前者の教師たちは1970年

代前半までに教職生活が完了しているのに対して，後者の教師たち
は1970年代以降の学校，教育をめぐる環境の変化と，教師として
のライフコースが重なっています。現代の教師たちは，新任期にと
どまらず，教職生活のさまざまな時期において，継続的な学びと省
察に裏打ちされた自己変容が求められているといえそうです。

　さて，「中年期の危機」は，社会の変動による子どもたちをめぐ
る環境の変化，加齢による子どもたちとの世代のギャップ，経験を
重ねることによる教師としての役割の硬直化などによってもたらさ
れます。これは教職生活の試練であるとともに，子ども観，学び観
を深め，もう一つ深く統合された教職アイデンティティに組み替え
るという教師としての成長の契機にもなっています（高井良
[2015]）。

矢萩正芳さんの事例　ここで中年期の危機を経験した教師の事例
　　　　　　　　　　　　　　を一つ紹介しましょう。山形県の高校教
師・矢萩正芳さんの事例です。矢萩さんは1951年生まれ。厳しい
家庭事情の中，新聞奨学生として働きながら予備校に通い，大学進
学し，教職に就いたという努力家でした。新任期には，経験のない
野球部の指導にとまどい，授業や生活指導でも「自分の発する言葉
は，生徒の胸にズシンと落ちていかない。言葉が宙に浮いてしまっ
ている」（矢萩 [1998]，66頁）という悩みに遭遇します。しかし，
『高校生讃歌』という一冊の本と出会ったことをきっかけとして，
生活指導の研究サークルに参加し，より確かな教育実践を模索しま
す。そして，学生時代から続けていた演劇と生活指導の学びを支え
として，学級集団づくり・生徒会活動・学園祭などで力を発揮する
ようになりました。生活指導に軸をおき，自らの教職アイデンティ

ティを育てていったのです。

　ところが，1992年の6月，学校祭が終わったときに突如「うつ病」となり，4カ月の休職をやむなくされるという経験に見舞われました。「うつ病」に陥った直接の契機は，生徒たちの服装違反の続出にありました。これまでの経験を通して培ってきた指導が実らない焦燥の中で，矢萩さんは生徒たちに信頼される教師でありたい自分と，教師間でダメ教師の烙印を押されたくない自分との葛藤に苦しみました。そして，これまで育んできた教職アイデンティティが根底から揺らぎ，学校に行けなくなったのです。

　矢萩さんにとって，この4カ月間は想像を絶するつらい日々でした。不安，いらつき，自罰感に苛まれ，はじめは何ひとつ手につかない毎日だったといいます。少し落ち着いたある日，矢萩さんはかつて夜逃げ同然にあとにせざるをえなかった故郷の地を訪ね，自らの半生を振り返る旅に出ます。

　この旅が一つの契機となり，その後，生徒からの手紙にも励まされ，4カ月の後，矢萩さんは復職します。復職してからは，「闘病日記」を記すようになったといいます。自分と自分の仕事を見つめ直すことで，これまでがんばり一筋でやってきた人生と仕事を再考するようになったのです。この作業は，生徒たちの集団を動かそうとやっきになって，一人ひとりの生徒の思いが見えていなかったこれまでの自分自身のあり方に気づき，自分自身の教師としてのありようを変えていく作業でもありました。

　同時に，自らの苦しみを個人の問題にとどまらない教師の苦しみ，教育の病理として見つめ，「学力向上運動」という目に見える成果だけを追求する社会のありようが，教師の仕事を狭めるとともに，生徒の学び，育ちを閉ざしていることを省みます。ものわかりのよ

い教師としてふるまい，生徒たちの集団を動かそうとしていたかつ
ての自分自身のありようも，同じく目に見える成果にとらわれた
「ソフトな管理主義」にすぎなかったことに気づき，ありのままの
生徒たちの悩みや葛藤を受け止め，そこから学びを立ち上げる教師
として再出発することを確認しています。

　この事例においては，「うつ病」という中年期の危機を迎えて，
自らの故郷に立ち帰り，それまでの自分自身の歴史を振り返ったと
いうところに，教師の仕事のありようが映し出されているように思
われます。すなわち，教師の仕事においては，自らの深みの中から
立ち上がってくる納得が大切であり，その納得こそが再生の力にな
るということです。そして，その納得を得るために，矢萩さんは，
「うつ病」とそこからの回復の過程で，自分自身の歩みをなぞって
いきました。自分自身の歩みをなぞる中で，より統合された教師と
しての自己を見出したのです。そこから新たな教職アイデンティテ
ィの芽が生まれています。むやみにがんばり，自己と他者をコント
ロールしていくのではなく，自分自身の根っこに立ち戻り，以前よ
りもありのままの自分で生徒と向き合う教師として，矢萩さんはこ
れからの教職生活を歩む決意をしたのです。この芽がどのように育
っていくかは，矢萩さん自身のこれからの歩みとともに，周りの教
師たちとの同僚性（→第7章）の構築に大きく依存するでしょう。
ともあれ，矢萩さんが中年期の危機という大きな転機と向き合うこ
とで，これまでより統合された自己を形成し，教師としての新たな
キャリア・ステージへの第一歩を踏み出したことは確かなようです。

教師のバーンアウト　　　教師の仕事には，さまざまな葛藤が伴いま
す。たとえば，子どもたちが学び合う授業

をしたいという思いと進学・受験に対応しなければならないという葛藤や，一人ひとりの子どもたちのケアを大切にしたいという思いと決められたカリキュラムをこなさなくてはならないという葛藤，あるいは工夫した授業をしたいという思いがあっても準備をする時間が思うようにとれないという葛藤などがあります。こうした葛藤は，ジレンマを形成しており，すっきりと解決することはできないものですから，精神的に大きな負担となります。

　子どもたちが育つことが難しくなっている社会の中で，教師の仕事はますます重要になり，専門的な見識が求められるようになってきています（Hargreaves［2003］）。このことは，教職の専門性，使命，やりがいを高めることにつながらなくてはならないのですが，教師に求められる仕事は際限がなく，多くの教師の日常は多忙であり，専門性を高める機会が十分には保証されていません。また，いまほど教師が社会と人々によって支えられることを必要としている時代はないのですが，残念なことに，教師に対する信頼は以前より低くなっています。このことは1980年代以降，グローバリゼーションに伴う人々の生活の変容，急速な教育改革を背景として，世界各地で共通して起こっていることです（Troman & Woods［2001］）。こうした中，日本でも，定年を待たずに，教師を辞める教師たちが増えてきています。特に女性教師において，退職年齢が早いことが指摘されています（山﨑［2002］，339頁）。

　また，仕事の困難化，多忙化を背景として，教職生活半ばでバーンアウトしたり，心を病む教師たちが増えてきています。バーンアウトとは仕事に疲れ果て，燃え尽きてしまうことをいいます。2010年代に入ってから，病気休職中の教師の半数以上が精神的な疾患によるものであるという事態が続いています（「公立学校教職員の人事

行政状況調査」による）。こうした教師たちの問題は，個人の問題というだけではなく，教師の仕事が直面している課題とつながっています。教師が教育活動に専念でき，その専門的成長が支えられる環境づくりが求められています（岡本編 [2006]，155-65頁）。

家庭生活の影響　また，20代後半，30代から40代にかけての時期は，ライフサイクルにおいて，出産，育児と直面する時期に当たります。この時期，男性教師と女性教師では，教職生活をとりまく条件に違いが見られることがあります。家庭生活の負担が女性教師に重くのしかかるケースがしばしば見られ，「日曜・祝日における時間の使い方」で「後回しにしておいた家事・育児に費やす」という回答が，男性教師では10％未満なのに対して，女性教師では50〜60％に達しているという調査結果もあります（山﨑 [2002]，341頁）。

　こうした中，育児休業を取得し，家事・育児を中心的に担う男性教師たちも現れています。北海道の高校教師であった池田考司さんは，同じく教師の妻と4人の子どもを育てながら，気づいたことを次のように記しています。

　　（仕事と育児を両立させる生活を送る中で）同じ立場にある女の先生たちの姿と，彼女たちに対する多くの男たちの見方，『仕事をしない』『休みが多い』等々と非難される構図がみえてきたのです。……仕事を休んで育児をするのも女性があたり前，結婚して退職するのも女性。こういう現実に強い疑問を持つようになったのです（高文研編集部編 [1993]，79頁）。

　この視点は，教職生活のみに焦点化して，教師の仕事を評価する視点に，厳しい反省を迫っています。教師の仕事は，知識の伝承を

中心としながらも，さまざまな面から子どもたちの成長を支える仕事です。教師の生活の奥行きもまた目には見えない仕事の資源として働くのです。東京の高校教師であった北川すみれさんは，子育てを通した格闘と，そこから得た自らの世界の広がりを次のように記しています。

　　子供が小さい頃，仕事をする上で，子供はハンディとばかり思っていた。しかし，職場でも地域でも，わが子のおかげで仲間がふえ，自分の場を拡げる豊かな"財産"を形成する糧となっている。わが子とていねいに関わることで社会の諸問題が見えてくる（同前書，150頁）。

　もちろん，北川さんがこうした思いに到達するまでには，大いなる葛藤がありました。それでも，育児を通して人々とのつながりを育てていった経験こそが，生きた知識を生み出し，他者との関わり方，社会の見方を育て，教師としての成長を準備したのです。北川さんにとって，子育ての経験は，教職生活の一つのターニング・ポイントであったということができるでしょう。

　一方で，出産，育児をきっかけとして，教職を続けたいという意思をもちながらも，心ならずも教職生活から離れる女性教師たちも数多くいます。出産，育児といった個人的な経験もまた，教師の仕事においては，そのベースとなる子どもについての見方，人の成長についての理解を育てる上で重要な意味をもっています。子どもという存在が思うようにならないものであり，同時に子どもの成長の背景には親や周りの大人たちの深い思いがあることを身をもって知ることは，教師としてのものの見方を深め，教育の仕事の難しさと協働の大切さをつかむ契機にもなっています。出産，育児を教職生活における意味ある転機にするためにも，教師の育児や育児後の職

場復帰に対する教育行政のサポートと学校での同僚性の構築，さらには育児における男女の協働が求められています。なお，教師の仕事とジェンダーについては，第10章で詳しく扱います。

4 ベテラン教師として

学校全体を見渡す視点 40代の半ばを過ぎると，ある教師たちは，校長，教頭といった管理職を経験するステージに到達します。もちろん，管理職を経験することなく，子どもたちと授業を行うことに力を注ぎ，教職生活を全うする教師たちも大勢います。いずれにしても，40代の半ばを過ぎると，学校の中では，ベテランの域に入り，他の教師たちに助言したり，若い教師たちを支えていく役割を求められるようになります。

　男性教師と女性教師では，そのキャリアの傾向に違いが見られます。特に，管理職への就任には大きな差があります。2022年度に全国の学校を対象とした調査を見ますと，小学校では，女性校長が25.1％，女性教頭（副校長をふくむ）が31.0％ですが，中学校ではそれぞれ9.9％，17.6％，高校になると9.4％，12.8％という数字が出ています（「令和4年度学校基本調査」による。義務教育学校，中等教育学校は含まない。高校は全日制・定時制のみで通信制は含まない）。全体として，女性管理職の割合は，少しずつ増加していますが，まだ依然として男女間での格差が存在しています（第10章図10-1も参照）。静岡大学教育学部を卒業した教師たちを対象とした調査研究でも，40代後半において男性教師の半数が管理職に就任しているのに対して，女性教師は低い割合にとどまっているというデータが出てい

ます（山﨑［2002］，340頁）。

このように，制度上の地位・役割においては，40代以降，教師のライフサイクルは，多様に分岐します。しかしながら，子どもの学び，育ちを中心におきながらも，学校全体への目配りも必要になるということは，教職生活の収穫の秋にさしかかったすべての教師の課題だといえるでしょう。ここでは，ある一人の教師の事例をもとに，教師にとってのベテラン期の難しさと課題について，考えてみたいと思います。

前島正俊さんの事例　前島正俊さんは，東京の下町の小学校に赴任し，子どもたちと身体ごとぶつかっていくような新任期を過ごしています。こうした日々を送る中で，生活綴方教育に出会い，作文指導を通して，子どもたちの思いを表現につなげていく教育実践を一つの軸として，教師としてのアイデンティティを形成していきました。さらに，斎藤喜博の著書に影響を受け，子どもたちが学び合う，妥協のない授業をめざして，教師としての自己を育ててきました。そして，二十数年の教職生活を経て，何とか子どもたちから学ぶ授業の手がかりが見え始めたとき，前島さんは教頭職に就くことになったのです。

管理職への移行は，「自分の受けもつ学級や子どもを起点としてとらえてきた視点から，常に学校全体の動向を頭に入れた視点が要求される」（石井ほか［1996］，193頁），教師としての大きなターニング・ポイントです。授業をベースとして教師としての専門性を育ててきた前島さんは，子どもとの接点である授業とのつながりを失うことなく，学校全体を見渡す仕事を進めていこうと志します。ところが，ここで大きな壁に直面します。現実の教頭職は，「書類の整

理，提出，来客の接待，会合の準備，電話の応対，PTA，地域との連携，主事とのうち合わせ等」（同前書，194頁）あまりにも多岐にわたっており，これらの対応に追われる毎日を過ごすうちに，自らの教職アイデンティティを見失いそうになったのです。

　前島さんは，さまざまな用事に追われる中で，授業を見る目，教育をとらえる目が甘くなっている自分自身に気づいたといいます。本来ならばより高度な専門性を求められるはずの管理職に就くことが，逆説的にこれまで育ててきた教師としての専門性の喪失につながるという危機感をもった前島さんは，教頭通信を書くという課題を自らに課しました。この教頭通信には，詩・短歌・俳句などのイメージと解釈，さらには自分の少年時代などが綴られ，5年半の間に350枚も発行されています。教頭通信は，教師たちの間で読まれ，職員室の話題にも少しずつ影響を与えるようになったといいます。教頭通信という授業における教材研究に類する実践を継続することで，前島さんは，これまでの教職生活で大事に育んできた，授業を通して子どもたちの学びを支えるという教職アイデンティティを失わないように努めたのです。そして，学校全体をとらえる管理職としてのアイデンティティとの両輪の上に，新たな教師としての自己を据えたのです。

　前島さんが新任期から大切にしてきた思いを文章として綴るという方法を，自分自身の壁と向き合うときに用いたというのも，興味深いことです。前島さんは，かつて子どもたちに，生活を綴ることによって自分のこだわりを知り，世界に目を向けることを求めたように，管理職に就き，さまざまな仕事のために自らの教職アイデンティティを見失いそうになったときに，文章を綴ることによって，教師としての自己を保っていったのです。この前島さんが，若い教

師たちを支え，励ます，厳しくも優しい先達としての役割を担うようになったことは，いうまでもないことでしょう。

　もう一つ，教頭職に就く以前から続けていた自宅での研究会が前島さんの教師としての仕事を支えたといいます。前島さんは，教師にとって，支え合い，励まし合う仲間をもつことの大切さを次のように記しています。

　　　教師の仕事には波がある。何の迷いもなくぐんぐんと自分の実践に磨きをかけられる時期もあれば，子どもとの関係がしっくりいかないでふさぎ込み，だんだん自分の殻にとじこもる時期だってある。そういう時，自分をそっくり受けとめてくれる依り所があったらどんなにいいだろう。どんなに勇気づけられ新しい活力を生みだせるだろう（同前書，189頁）。

　教職生活，個人的生活において，時間をかけて大事に育んできた他者との関係が，困難な時期の教師を支えることが示されています。教師という専門職における，同僚性の重要性，他者との相互の信頼関係の大切さがここに示されています。

　管理職への移行というターニング・ポイントは，教室の中で授業を通して子どもたちと育んできたこれまでの教職アイデンティティが切断されるという一つの危機をはらんでいます。自らが教師として育んできたものの見方から切れてしまったら，他の教師たちを育てることはできません。この危機に直面して，複合的なアイデンティティを自らの中に形成することで前のステージとつながった新たなステージをひらいた前島さんの事例は，教師としての専門性を探求しながら，生涯を教師として生きる一つのかたちを表現しています。

おわりに

ここまで，教師のライフサイクルをたどりながら，生涯を教師として生きることを追体験してきました。教師として生きる人生は，決して平坦な道のりではありません。今年の子どもたちは，昨年の子どもたちとは違います。毎年，新たな時代の空気を吸った子どもたち，親たちが登場します。そして，教師自身，1年，また1年と歳を重ねます。さらには，さまざまな学校，地域への異動もあります。学校の中における役割も少しずつ変わっていきます。たとえ，いったん教師としての職業的社会化に成功しても，いままで通用してきた教育の方法，子どもとの接し方が通じずに，壁に直面することがしばしばあります。こうした教職生活における難しさに加えて，出産，子育て，さらには親の介護など，人間としてのライフサイクルにおけるさまざまな課題も重なってきます。

教師として子どもたちの前に立ち続けるためには，何度も何度も壁に直面しながらも，新たに自分をつくり変えていく，そうした真摯さとしなやかさが求められます。また，自分一人の努力だけではなく，教師の成長を支える学校や同僚に出会い，そこで協働の関係を育てることも必要になるでしょう。さらには，家庭生活における家族からの支えも求められるでしょう。

教師の人生という視点から見ると，教職とは出会った子どもたちをはじめとして，さまざまな人々に育てられながら，その生涯において学び続けることを求められる，そういう仕事であるようです。

❖読書案内❖

①大村はま『新編 教えるということ』筑摩書房，1996年。
　生涯を国語科の教師として生きた著者が，若い教師たちに向けて

語った講演の記録。教職生活のエッセンスが凝縮されている。

②高文研編集部編『教師の結婚・教師の子育て』高文研，1993 年。

　教師の家庭生活についての生の語り。教職生活と家庭生活を両立することの難しさとの格闘を通した成長が語られている。

③金子奨・高井良健一・木村優編『「協働の学び」が変えた学校──新座高校　学校改革の 10 年』大月書店，2018 年。

　授業改革を通して教師たちが一人ひとりの子どもの見方を深めることで学校を変えたアクション・リサーチの記録。教師たちの語りで開示された教育の風景のダイナミックな変容に勇気づけられる。

Column ⑤　『北の国から』の「涼子先生」

　『北の国から』は，1981 年から 2002 年までの 22 年間にわたって，北海道・富良野を主な舞台として純と蛍の兄妹の成長を描いた作品です。このドラマの中にも，時代の中に生きる一人の教師の姿が映し出されています。

　ドラマの主人公である黒板五郎は，妻・令子の心が離れたことをきっかけとして，子どもたちを連れて東京を去り，郷里の富良野・麓郷に戻ります。五郎は，電気も水道も通っていない土地で，純と蛍と生活することを決意します。そして五郎は，中の沢分校にでかけ，分校の女性教師に子どもたちを受け入れてくれるように頼みました。ところが，女性教師（涼子先生）からは，はかばかしい返事が返ってきません。分校が来年の夏には廃校になることと，「東京の子は気が重い」というのがその理由でした。

　実は，涼子先生はかつて東京の小学校に勤めており，そこで叱った教え子が自殺するという事件に遭遇していたのです。その後，涼子先生は，五郎の真心を感じ，純と蛍を小さな分校で受け持つことになります。この分校で純と蛍は，少人数での対話のある学びを経験し，涼子先生との間に信頼関係が芽生えます。しかし，この平穏

な日々もつかの間でした。蛍を連れて UFO を探しにでかけ，夜遅くまで帰ってこなかったという事件が，過去の事件と合わせてマスコミに取り上げられたことで，涼子先生は分校を去ることになります。この間，五郎は一貫して涼子先生を支え続けました。

　この物語には，教育の関係は信頼を土台としてはじめて成り立つということ，そして，その信頼を築くためにはフェイス・トゥ・フェイスの関係が重要であることが刻み込まれています。また，UFO という装置を通して，教師が本来的にある種の異界（日常を超えたもの）とつながりをもつ存在（異人）であること，そして，それゆえに非難にさらされる可能性を常にはらんでいることが示されています。この非難への防衛が教師の事なかれ主義，保守性を生み出します。事なかれ主義，保守性はさらなる非難をよび起こし，教育における悪循環が生じます。みずみずしい教育実践が生み出されるためには，信頼と連帯がなくてはならないことを，『北の国から』は，それらが失われつつある 1980 年代という時代の中で語っています。

　分校を去った涼子先生は，最終シリーズの『北の国から 2002 遺言』で再び登場します。そのとき，涼子先生は，純を，生涯の伴侶となる結とむすびつける役割を演じます。いくつもの挫折を経て，信頼の中で人と人とをつなげる存在（コーディネーター）として再生した涼子先生の姿には，困難な時代の中での教育への一筋の希望が透けてみえるように思われます。

(写真提供：福島県郡山市立芳山小学校)

　先生のいる職員室のイメージが目に浮かぶでしょうか。緊張しながら入っていった記憶があるかもしれません。また親身になって相談に乗ってもらった記憶やあるいはしかられた記憶があるかもしれません。また小・中・高等学校とそれぞれの職員室の雰囲気もまったく違っていたかもしれませんし，共通するものを感じていたかもしれません。先生は一人で仕事をしているのではありません。教師同士で学校の仕事を分担し合ったり，一緒に授業について学び合ったり，生徒のことを案じたりしながら同僚と一緒に仕事をしています。本章では組織の中で働き学ぶ教師について，また教員間の関係や雰囲気はどのようにつくりだされていくのかについて考えていきます。

◈本章のキーワード◈　　校内研修，教師文化，学校文化，校務分掌，同僚性，授業研究

実習や見学で学校を訪問すると，校風や伝統，学校雰囲気とよばれる学校の特徴があることに気がつくでしょう。また職員室で日常的に教師の間で語られる会話や職員間の様子，また**校内研修**や職員会議での内容や様子から，その学校の校長や教師たちが大事にしている価値や考え方にふれることができるでしょう。新任教師や勤務先を異動した教師は，新たな勤務校で同僚の仕事を見，同僚との日常の会話のやりとりを通して，その学校での仕事の仕方やその学校における暗黙のルール，そしてその背景にあるその学校の教師たちが大事にしている価値や考え方を学んでいきます。転勤すると「最初の1年くらいは学校に慣れるのにかかる。自分らしさをだして仕事ができると感じるのは，半年から2，3年たってから」とベテラン教師でも語るのには，学校規模や地域による生徒や保護者の特質の違いだけではなく，このような**教師文化・学校文化**の違いという側面もあります。学校という組織の中で，学校全体として誰かが分担して行わなければならない業務を**校務分掌**によって担い支え合い，授業や学級活動，学校行事等を通して生徒を育てる仕事を教師は行っています。本章では学校という組織の視点と教師の専門性との関係から，教師の仕事や教師文化について考えていきます。

1 学校での授業の探究

●一人の教師の事例から

着任してのとまどい

　ここでは一人の中学校教師に焦点を当て，10年間の経験を3つの時期を通して考えることで，学校における**同僚性**と教師文化について考えていきましょう（牧田・秋田［2012］）。30代半ばの数学教師牧田さんは，中学

校を異動してきたばかりの1年目に校内研究推進を担う部会メンバーに入るようにと校長からいわれます。学校のことがある程度よくわかっている人が研究推進部を担うことが多いという慣例から見れば、これは珍しいことです。しかしこの学校では、新人が研究推進部に参加することも珍しいことではありませんでした。彼は地域での教科の研究会などでも熱心に授業を提案してきた教師でした。着任した学校では「思考過程の練り上げ」「3年間を見通したカリキュラム」といった言葉が教師たちの間でよく使われ、職員室でも授業について教師たちが語り合っていました。この雰囲気は、生徒指導や生活指導、部活動を中心として教師たちが連帯していた前任の学校の雰囲気とはおおいに違っていたといいます。多くの学校では、学校の研究主題を毎年決め、授業を通して教育方法についての仮説を検証していく研究をし、2年か3年単位で研究設定が変更されていくスタイルがとられています。これに対し、この学校では何年も一つの主題で、各教師が自分の問いと責任をもつことで継続的に研究が行われていました。牧田さんはこの学校で出されている研究紀要を読んで、この学校が過去に取り組んできたことがどのようなことであったのかを学ぼうとします。

　単元ごとのペーパーテストの点数を上げるための効果的な指導方法とは何か、1時間ごとに生徒を引きつけるおもしろい授業を開発して、いかにして勉強させるかに、それまでの学校では注意関心を向けてきた牧田さんにとって、この学校の他の教師たちがいっていることが、用語やそのイメージは何となくはわかっても、授業で具体的に何をどうすることなのかが1年目にはわからず、他のメンバーの脇にただいた、という感じだったといいます。

　1学年3学級の比較的小規模な中学校でしたので、数学を担当し

ているのは，牧田さん一人だけでした。ですから，これまでの自分
の授業のやり方で研究授業をやってみたそうです。この中学校では
相互に授業を見合うことや，授業後に実践記録をつくって大学の研
究者も参加してその記録を読み合うことが行われていました。当時
研究推進部では「目標－達成－評価」型から「主題－探究－表現」
型カリキュラムへの転換を，教科を越えて行おうと考えていました。
指導案をつくり研究授業をし，同じ教科の同僚や指導主事から指導
を受けることを研究ととらえるスタイルに慣れていた牧田さんは，
数学とは違う教科の教師たちにも授業を開き，他教科，他学年の教
師が行う授業を見ることで，カリキュラムはすでに決まっているも
のであり，それを授業でこなしていくという意識から，「カリキュ
ラムを創る」とはどのように授業や単元をデザインしていくことな
のかが次第にわかってきたといいます。「学習指導案」中心の授業
検討から，単元全体の構想を重視し，学習活動の履歴を書き表し，
生徒の実態に合わせながら次の授業をデザインする「学習展開案」
へと検討の仕方が変わり，教師がカリキュラムの内容や名称を変え
ることができることの意義に気づきます。そして事後研究会で丁寧
に語り合う経験，さらに自分の実践を振り返っての実践記録を夏休
みに作成し，みんなで読み合う経験をする中で，この学校が何を大
事に探究しているのか，その探究の必要性を感じ取っていったそう
です。また学年の教師が総合的学習のカリキュラムを一緒に考えて
いくこと，さらに3年間生徒にどのような経験をさせどのような力
を育てていくかを全体で話していくことで，教科や学年を越えて学
校として育てていきたい生徒の姿やこの学校で大事にしている学校
行事の意味，異学年との交流等の活動の意義も見えてきたそうです。

そして着任2年目になると，自分の授業のやり方も変わってきたといいます。教科を越えて，また時には学年を越えて一緒に話し合い，活動することを通して，他の教師たちの授業のやり方や考え方の影響を受けるようになります。授業目標を明確に決めて1時間でいかに興味を引く導入教材を準備して終末のまとめまで授業を運ぶか，そのための発問はどのようにしたらよいかという「分析的な目標設定」から，単元全体でどのような数学的活動を組織し探究を進めるかという「総合的」で「活動的」な目標設定へと転換し，「教師が何を教えたいか」から「何を生徒とともに探究したいか」に発想が変わってきたといいます。この転換によって個々の生徒の学びの道筋の多様性やすごさ，おもしろさがわかるようになり，どのように生徒の思考を表現させていったらよいかを追究するようになっていきます。

　すると，他教科の教師の授業のやり方でも参考になる教え方や，同じ生徒でも自分の授業の時とは違う姿を見せる生徒のあり方など，さまざまなものが授業の中で見えてくるようになります。同僚の授業でよいと思う点を語り合い，相互に意味づけ，自分の授業にもかたちを変えつつそのアイデアを取り込み，自分たちのめざす授業を確認し合っていく風土があったといいます。たとえばある理科の教師が小グループで話し合ったことを生徒たちがスケッチブックに書いて各グループが比較共有することを試みると，口頭で順に発表しただけではわかりにくいグループの差異や共通性が見えやすくなることを，授業を参観して牧田さんは感じます。そこで，今度はそれを自分の授業の中でホワイトボードに考えを表現するというかたちで使用してみたりしました。また，ビデオ映像を通して検討することによって，授業の上手，下手ではなく，生徒の学習経験について

語る他教師の話を聞くことで多くを学んでいきました。

研究主任の経験　着任5年目からの3年間，牧田さんは研究主任として働くことになります。自分の授業やカリキュラムをどうするかだけではなく，どのように学校全体で研究をしていくか，何を主題としてどのように問うていくかが課題となりました。気軽な授業公開と**授業研究**の雰囲気を踏襲しながら，牧田さんは，教師が学び合える組織のあり方を模索しました。教職員の中では意見をいう人が特定の人たちに固定しやすく，また多忙な毎日の中で全体で会合をもつ時間もとりにくいために，教科を越えた小部会方式で授業の検討を始めました。しかし「評価部会」「カリキュラムデザイン部会」などの名称をつけてこの小部会を立ち上げると，観点別の分業体制になるため，その観点の内容だけにしばられて自由な授業検討が難しく，かたちにとらわれたり，結論を急いでしまうことも起こりました。そこで翌年には，部会名称をつけない授業検討部会へと小部会のあり方も変更していきました。またこれによって全体会と小部会の意味や機能にも気づいていくことになります。授業検討や記録作成では，やっていないことや理解が不十分なことを見栄をはって隠すのではなく，ありのままを語ること，自分のとまどいや感じたそのままを語ること，うそはつかずに，わかりやすく伝えること，みな同じ立場で参加することを授業検討の原則として確認し合います。そして主任が書類づくりを全部一人で抱え，まとめてから報告するのではなく，最も重要な部分こそ全員で議論していくことを通して教員が意識を共有できることを追究し，学校に長くいてわかっている人だけでリードするのではない自由な雰囲気をつくっていきます。

そしてこの雰囲気の中で生徒たちが協働で探究する授業と，教師が授業づくりを協働で創造していくことの間において，すなわち生徒の学びの過程と教師同士の学びの過程が同型構造をもっていることに気づきます。毎年の公開研究会は，晴れの場というよりも自分たちの１年間の授業や研究の歩みの道筋を確認し振り返る機会として位置づけられるようになってきます。

　もちろんこれらのことは研究主任一人の力だけで行われ，動くものではありません。校長の学校経営方針やリーダーシップが，学校のあり方，教員組織のあり方には大きな影響を与えます。この学校では校長や教頭が牧田さんのやり方を支持し，円滑に進むような指示を行い，物心両面でのサポートをしてくれました。時間割などを担う教務主任や，学年団をまとめる学年主任などの人々の協力も重要であったのは，いうまでもありません。また若手教師が牧田さんのいっていることがわからないと正直にいって質問してくれることで，自分たちのわかっていなかったことにあらためて気づき，若手の授業を参観することで何が大切かを考えるなど，多くのことを学んだといいます。さまざまな役割を担った教師たちがそれぞれの担当で自らの責任を果たしていくことで，教師たちの連帯感がつくられていきました。そしてこの３年間の研究の軌跡を本としてまとめてみようということになりました。教科別に章を分けて整理するのではなく，学校として何に取り組んだのかを記述する本を牧田さんはつくろうとします。生徒と教師の学びの軌跡の記録というかたちをとったことで，出版が，教師たちがこの学校らしさとは何か，将来の方向性と研究の過去の軌跡を意識する機会となっていきました（牧田・秋田［2012]）。

他校への転動　9年間勤務した後，牧田さんは新たな学校へと異動します。採用された都道府県によって，一つの学校にいる最長年限が決められています。教師本人の希望も加味しながらも一定期間を過ぎれば異動するのが通常です。異動すれば地域によって生徒も違えば教師たちの価値観も違います。牧田さんは今度の学校ではまたふりだしからの始まりです。しかし前任校で学んださまざまな学校づくりに伴う経験をもとにして，教科を越えて相互に授業を開き，語り合うことを，自分の授業を公開することから始めました。また同僚の授業を参観し，相互に振り返りができるように，インターネット上で授業コメントができるフォルダの作成も始めました。取り組んでいる活動の様子を同僚教師たちに伝えていきます。このことをきっかけとして，所属部会の教師，同じ教科の教師たちや気の合った若手教師たちとの対話が始まりました。校長や研究主任が牧田さんの行っている活動の意義を認め支持してくれることで，また新たな活動が始まっていったといいます。今度の学校では学習や発達において困難を抱える生徒たちに出会うことで，牧田さんは授業のあり方をさらに深く考えるようになったといいます。どの生徒にも学んでほしい，より本質的な内容を学ぶことができる教材とはどのような課題かを追究し始めます。さまざまな学校に勤め，いろいろな授業観や学習観をもった教師が学校には集まってきます。学校として6年間，3年間の児童・生徒たちのどのような育ちをめざすのか，具体的な児童・生徒を目の前にすることで，理念だけではなく現実の協力が生まれ，指導援助をしていく過程でさまざまな経験や知識をもった教師たちの間に連帯が生まれてきます。どの学校でもまずできるところから同僚と連携して考える，生徒の実態を踏まえ日々の授業を開き，変えていく，授業を

通しての学級づくりが学校づくりの基盤となる，と語る中堅教師，牧田さんの挑戦は続いています。

2 学校における同僚性

孤立化・分断化傾向を
超えて

生徒の視点に立ってみると，教師の仕事は授業場面，生徒指導場面など，教師個人で生徒と向き合う仕事であるととらえられることが多いでしょう。実際に，職員室にいて同僚と話をする時間や会議の時間よりも多くの時間を，教師は，同僚には見えない閉じられた教室という空間の中で，生徒と過ごしています。この仕事場の特徴は，個々の教師の専門性や独自性が生かされる授業が生まれてくる可能性をもつと同時に，時には学級王国という言葉があるように閉鎖的になるおそれや，心理的にも硬直化する危険性を表裏の関係としてもつことになります。新任もベテランも児童・生徒の前では教師として対等という意識や責任感の強さから，教師同士は仕事については口を出すべきではなく，相互不可侵という意識が生まれがちです。多忙のために授業の準備ができずにマンネリズムに陥ることが生じたり，学級崩壊，授業不成立などの問題への対処を一人で抱え込もうとしてさらに事態を悪化させていくこともあります。

また学校全体としてこなすべき仕事が多いために，組織が階層化し分業化していく傾向も見られます。校務分掌といわれる職務分担を一人でいくつも担っていることも，小規模校では珍しくありません。また人間は群れやすいので，組織の中での小グループが分割し固定化して相互に閉鎖的になることから全体が分断化されていくこ

とや，親分・子分のように同調が求められ意見が言いにくくなるといった関係性も生まれやすいものです（秋田［1998］；Hargreaves［1994］）。

　この意味では，牧田さんが着任した学校の姿は，現在の中学校の姿としてはまだ一般的ではないと感じられるかもしれません。また生徒として学校にいた時には，教師たちが行っている仕事や教師同士の関係など考えたことはなかったという人も多いでしょう。しかし牧田さんの事例を見ることで，教師は専門職として，同僚とともに学び合い，学校のあり方を考え創造していくこと，勤務する学校がもっている歴史や特徴，同僚教師，生徒，保護者たちから影響を受けて自分の授業観や学習観を形成・変容させていくことがわかるでしょう。「教えることの専門家」だけではなく，同僚とともに，同僚から，そして自分の実践事例から「学ぶことの専門家」としての教師の姿が見えてきます。

同僚性とは

OECD（国際経済協力機構）は 2018 年国際教員指導環境調査（TALIS）を行い，48 カ国の中学校の教員，15 カ国の小学校の教員，日本からは校長約 400 名，教員約 6900 名が回答しました。日本の教師は回答国の中で最も勤務時間が長く，その多くは授業時間ではなく課外活動にあてられていることが明らかになりました（1 章表 1-1 も参照）。図 7-1 は，調査結果から同僚との教員間の協働の内容を示したものです。どの国でも生徒について教師間で議論することや，教材の共有による協力という教師の専門性に関わる協働関係が大事にされていることがわかります。その中で日本は，全体として協働関係が築かれていること，会議出席が他国に比べて多いという特徴とともに，授業を相

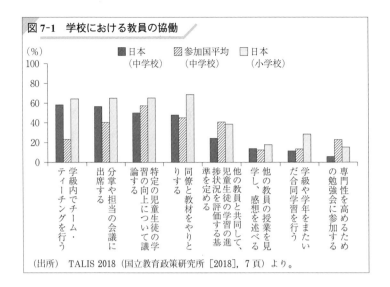

図 7-1　学校における教員の協働

(%)

■ 日本（中学校）　▨ 参加国平均（中学校）　□ 日本（小学校）

縦軸：0, 20, 40, 60, 80, 100

- 学級内でチーム・ティーチングを行う
- 分掌や担当の会議に出席する
- 特定の児童生徒の学習の向上について議論する
- 同僚と教材をやりとりする
- 他の教員と共同して、児童生徒の学習の進捗状況を評価する基準を定める
- 他の教員の授業を見学し、感想を述べる
- 学級や学年をまたいだ合同学習を行う
- 専門性を高めるための勉強会に参加する

（出所）　TALIS 2018（国立教育政策研究所［2018］, 7 頁）より。

互に見合う授業見学やチーム・ティーチングなどは他国に比べて比率が高いことがわかります。教師同士が開き合い，支え支えられる絆を創出することが学校での協働として大切なのです。

　同僚として重要なのは，同じ職場に所属して働いているというだけではなく，教育についてのビジョン（展望）を共有することです。そしてその学校が求めるビジョンに向かって，ともに探究や構築をし，学び合って専門性を高め合っていくことです。またそこで培う専門的見識とアイデンティティや学び合うことの歴史を共有することだといえます。牧田さんの学校では，授業やカリキュラムのあり方を通して，このような関係が築かれていったことがわかります。学校目標が単なる題目にとどまらず，教師たち同士が教育のあり方を協働で探究することを通して，ビジョンが共有され明確になっていきます。そしてそのビジョンに基づき，活動や語り，授業で使用

される道具や教材が生まれていくのです。このような教師たちの関係性は「同僚性」(collegiality) とよばれます (Little [1982])。

強い絆・弱い絆

学校により，教師相互のコミュニケーションの内容や頻度には大きな違いがあります。牧田さんの学校では，カリキュラムづくりや授業検討，実践記録の読み合い，個々の生徒の話などが，職員室で，部会で，校内研修全体会でと，いろいろな場で，さまざまな教師たちの間で組織的・固定的でないかたちで行われていました。これらのことは，いわば教師の専門性の中核となる会話だといえます。そしてそれらは短期間の間につくられたわけではなく，学校の風土として受け継がれてきているともいえます。その学校に着任することで，それらの経験がない教師も学んでいくわけです。新たな教師が入ることで新たな話題が生まれていくこともあります。また校長のリーダーシップによっても，コミュニケーションのあり方は大きく変化します。校長がどのような学校をつくりたいと思っているのかが明確であり，それが妥当なものであれば教師は協力していくことができますし，とりあえず問題が起こらなければよいといった事なかれ主義であれば，そのまま日々が過ぎていくでしょう。

では実際に教師の間ではどのような活動を一緒に行ったり話すことが多いのでしょうか。筆者ら（秋田ほか [2004]）が 2003 年に東京近郊のある市で小学校 405 名，中学校 165 名の先生方に協力をいただいて行った調査結果からは，「学年行事」「特定の児童・生徒」「保護者への対応」についての話題が，小・中学校いずれでも最もよく共有されている話題であることがわかりました。しかし小学校に比べて中学校では協働して行うことがらが少ないことも明らかに

なりました。目前の行事や問題を抱えた生徒，保護者への対応が共有されるわけです。短期的解決課題への対処を優先しなければならないために，長期的な展望に立って教師が具体的に専門性の中核を培うことに時間を割くことが難しくなったり，見失われがちである現実が見えてきます。教師の専門性の中核である授業に関係した項目では，中学校のほうが行っている比率が低いこともわかりました。この背景には，中学校では小学校と違って教科における専門性の意識が強くなることや，また高校受験や生徒指導・部活指導などへの対応による多忙化があると思われます。

　アメリカで学校組織を観察・研究し，「同僚性」という概念を提示したリトルによると，学力育成などで成功していると評判のよい学校と，あまり成功していないと周りから見られている学校を比べると，同僚間のやりとりの頻度だけではなく，やりとりの内容，質において，上記の「授業」の項目群に違いがありました。教師たちが同僚性に価値を見出し，改善が継続している学校や，常に何かを試していこうとしている学校では同僚性の絆が強いこと，絆が強い学校では多様な教師が「授業」に関わる内容を相互に頻繁に話し合い，教育や授業を語る言葉を共有している点を指摘しています（Little［1982］）。職場の同僚性の絆が強いことが，生徒を育てるための成功条件です。このような学校では，生徒だけでなく，教師が学び合えるシステムも構築されてきているといえます。

3 教師文化を形成するもの

同僚性の発展

同僚性の絆とはいっても，職場では毎年人が入れ替わりますし，いつも同じような状態が続いているとはいえません。しかし，牧田さんの3中学校での経験をみると，まずは誰かが一方的に話しかける，特定の教師が授業を開くといった段階から，授業を相互に見せ合って協議し，研究紀要やカリキュラムなどを一緒につくりだしていく段階までのさまざまなかたちがあることがわかります。

図7-2は，リトルがアメリカでの学校改革事例をもとに同僚性の発展段階として図式化したものです。

一方向的に話しかけることや相手に合わせて手伝ったり援助することから，情報や経験を共有すること，そして過程を共有して協働で何かをつくりだしていくことへと移るにつれ，同僚性の絆は強くなっていくのです。それは相互にうまく頼り合う関係，援助し依存し合う関係であるともいえます。もちろんここには決まった発展の順序や形態があるわけではありません。職場のメンバー間の関係によっても変わってきます。協働での仕事の契機も，内側から，あるいは外側から要請されるものなどいろいろあります。

専門家としての教師は相互に不可侵・無関心でいるのではなく，常に同僚から学んでいくことができること，そのためには協働で何かをつくりあげていくことが必要であることがわかります。効率よく仕事をこなすという観点から見ると冗長な情報に見えても，生徒に関わるできごとやその話し合いを共有することが，学校の中に教

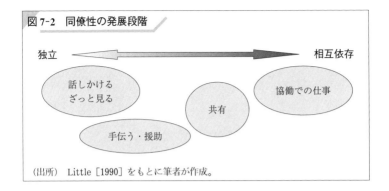

図7-2 同僚性の発展段階

独立 ← → 相互依存

話しかける
ざっと見る

協働での仕事

共有

手伝う・援助

(出所) Little［1990］をもとに筆者が作成。

師としての一体感をつくりだしていきます。生徒の学びや育ちをとらえた語り，授業やカリキュラム，行事のデザインを通して，教師たちの間に共通する教育への見方や実践の思考様式をかたちづくっていくのです。

　情報化社会といわれる今日では，時代に応じて学ぶべきことがらは急速に変化してきています。また情報が氾濫する中で，何が学ぶに値するのかを吟味していくことや，多様な視点からことがらを推理したりとらえることが要求されるようになってきています。そして知識基盤社会といわれる時代には，決まったことを暗記するだけではなく，新たなものごとを協働でつくりだし，課題を自ら発見し，解決を創造していく力を培うことも求められてきています。それに伴って「教える専門家」から「学ぶことの専門家」へと，教師に求められる資質は変化してきています。その資質は伝達型の講習やテキストで知識として得ればよいのではなく，目の前の生徒に求められる学びのあり方を同僚とともに学び合うことのできる学校の中で，事例や体験を通して実感することで身についていくのです。

　教師の仕事は知的な仕事である一方で，喜び，悲しみ，とまどい，

憤りなどのさまざまな感情を伴う仕事，「感情労働」でもあります（Schutz & Zembylas eds.［2009］）。一緒に仕事をしていくことで達成感を味わったり，同僚の話を聞くことで自分も類似経験をしていることから感情を共有したりしていくこともあります。教師の仕事はどこまでいってもこれでよしという終わりがないため，多忙感，ストレス，消耗感に襲われることもあるでしょう。そのストレスを低減し精神的な支えとなり，精神的健康を支えることができるのもまた，語り聞き合える同僚の力なのです。

学び合うコミュニティ
としての学校文化

同僚性という人と人の関係に目を向けて，学校での特徴，教師文化について述べてきました。牧田さんの学校での事例からわかることは，同僚性を支えるために，過去の記録として読み応えがあり，他者でも読んでみたいと思ったりわかるように書かれた実践記録があることや，授業研究で撮影されたビデオなど，教師同士がその道具を仲立ちにして新たに学び合うことができる教師のための学習材がありました。3年間の単元のつながりを意識した学習展開案が作成されることにより，授業者だけではなく，同じ教科の他の教師も自分の担当学年とのつながりを意識したり，また生徒の話をすることで学年団の教師と話し合うことができていました。

　また教師同士が忌憚なく意見をいえるために，ほどよい大きさの検討集団が準備されたり，先輩・後輩や教科によらず意見を対等に聞き合うことを尊重する風土がその基盤にありました。教師が学び合う集団の大きさや暗黙のルール，信念が同僚性の形成に影響を与えていきます。

　これは，生徒の学習とも関わるものです。協働で探究する生徒の

姿を求める学校は，教師たちも，探究し学び合い，動いています。教材の価値や授業の中核は何かという問いが，生徒にもその中核の内容での探究心を起こさせるのです。教師の学びと生徒の学びの質には類似性が見られます。上から下へといつも情報が一方向の授業の多い学校では，教職員の組織もまた管理職から一方向に管理されていることが多いといえるでしょう。民主的な学校経営がされる学校でこそ民主的でさまざまな声の響く授業がつくられるといえます。探究のある学校では生徒と教師の学びの物語を数多く聞くことができます。学びを中核とした学校組織のあり方が求められてきているのです。

❖読 書 案 内❖

①牧田秀昭・秋田喜代美『教える空間から学び合う場へ——数学教師の授業づくり』東洋館出版社，2012年。
　一人の教師の目を通して中学校の授業改革事例を見ながら，授業やカリキュラムのデザインと学校文化について具体的に教師が変わっていく姿を描いている。

②佐藤学『新版 学校を改革する——学びの共同体の構想と実践』岩波ブックレット，2023年。
　学びの共同体の学校改革について，その理念と具体例を理解することができる。

③稲垣忠彦・久冨善之編『日本の教師文化』東京大学出版会，1994年。
　教師文化をとらえるさまざまなアプローチによる実証的研究や視座が紹介されている。専門書ではあるが各章でのデータから教師の仕事を多面的にとらえることができる。

④鈴木悠太『教師の「専門家共同体」の形成と展開——アメリカ学校改革研究の系譜』勁草書房，2018 年。

　教師の「同僚性」や，教師が学習共同体と自律性を構築することの意義とは何か。米国の学校改革の洗練に学び，改革と現職研修の改革に対して考えることができる本。

Column ⑥ 『ヘレン・ケラー』の「サリバン先生」

　「彼女を貯水槽に連れて行った。ポンプから水がほとばしっていたので，私は『水 water』と綴った。彼女はすぐにもう一度綴ってくれと私の手を叩き，顔を輝かせて自分でその単語を綴った。ちょうどそのとき，乳母が彼女の妹を連れてこの貯水小屋に入ってきたので，私はヘレンの手を赤ちゃんに乗せ『赤ちゃん baby』と文字を繰り返し綴った。すると顔に新しい知性の光をたたえながら，彼女は独力でその文字を繰り返し綴った」（サリバン［1973］67 頁）。

　盲聾唖三重苦のヘレン・ケラーの心に「光」を与え，五十余年にわたって彼女に寄り添った生涯の家庭教師がサリバン先生である。上記の部分は舞台等でもハイライトで演じられる場面である。生後 1 歳半での大病後にも覚えていた唯一の語「ウォーター」を手がかりに，サリバン先生はヘレンを新しい知性の世界へと誘っていく。人はさまざまなことばをいかにして学ぶのか，ことばを学ぶときの教師の役割が，ヘレン・ケラーの幼少時代の伝記からはよくわかる。

　「思考はことばに先行する，感覚にもとづく経験にことばを与えていくのであり，形式的な会話が生徒も教師をも無感覚にしていく」と述べるサリバンの教育観がヘレンのことばの学習を支えている。反復練習ではなく，ものとの意味ある出会いがことばを生み出していくのである。そして，サリバンは，ヘレンの「なぜ」という問いを誠実に受け止めていく。「意味あるなぜという問いは，子どもたちが理性と内省にむかう扉である」。問うのは教師側ではなく，子ども側である。

　ヘレン・ケラーについては，教育を受けた生徒側ヘレン・ケラー

の記録と，教育を行った教師側アン・メイシー・サリバン先生の記録という，教育の営みの両者の立場がわかる記録が残されている点でも，つきあわせて読んでみるとおもしろい。20代はじめのサリバンは「まず彼女の愛情を勝ち取ろうと考えており，力だけで征服しないつもりである」と述べながらも，激しい気質のヘレンと折り合いをつけていくために苦労をしている。その同じ場面が，子ども側からは教師の苦労とは独立に描かれる。教育の物語は，教える側と教えられる側，時間と場を共有しつつそれぞれ別の経験世界を生きているのだということも考えさせる2冊である。

（参考文献：ヘレン・ケラー著／岩橋武夫訳『私の生涯』角川書店，1966年。アン・メイシー・サリバン著／槇恭子訳『ヘレン・ケラーはどう教育されたか——サリバン先生の記録』明治図書出版，1973年）

（写真提供：兵庫県神戸市立唐櫃中学校）

　教師は専門家であるとされていますが，教職の専門性とは果たしてどのような内実を備えているのでしょうか。教職の専門性には，校種に応じて異なった側面があるのかもしれませんが，どの校種であろうとも，教師とよばれ，教師ととらえられていることには変わりがありません。したがって，校種の違いを超えて教職が共有している専門性があると考えられます。本章では，さまざまな校種を通底している教職の専門性について考えてみることとします。具体的には，国際的に教職の専門性はどのように把握され，そして教師がその専門性を開発するためにどのような教育がなされる必要があると認識されているのか，また専門性の開発に関して，日本の教職にはどのような特徴があるのかを検討していくこととします。

◈本章のキーワード◈　　教員の地位に関する勧告，自律性，教員の役割と地位に関する勧告，養成教育，現職教育，TALIS（国際教員指導環境調査）

1 教職の専門性とは

多様な教師像 教師の姿を思い浮かべてみましょう。小学校の教師，また中学校や高等学校，義務教育学校，中等教育学校の教師，あるいは特別支援学校の教師の姿を思い浮かべた人もいるでしょう。一般の教師の姿ではなく，校長や副校長，教頭の姿を思い浮かべた人もいるでしょう。中学校や高等学校などの教師の場合は，学級・ホームルームの担任教師の姿だけではなく，自分が学んだ教科の担当教師や部活動の顧問教師の姿を思い浮かべた人もいるでしょう。

　思い浮かんだ教師の姿は，どのようなものでしょうか。子どもの話に熱心に耳を傾けている姿，子どもを叱っている姿，校則の遵守を子どもに求めている姿，教科書の内容を黙々と板書している姿，教科書は参考書として扱って独自の教材・方法で授業を行っている姿，登校時間に校門に立っている姿，子どもと一緒になって遊んでいる姿，スーツを着こなして厳粛な雰囲気を醸し出している姿，1日中ジャージを着ている姿，休日を返上して部活動の指導をしている姿，学校の園庭の手入れをしている姿などなどなど。

　ここで記したものとは異なる教師の姿を思い起こした人も多いことでしょう。私たちが想起する教師のイメージはきわめて多様であり，一つのものに還元することなど決してできないものです。実際，小学校，中学校，義務教育学校，高等学校，中等教育学校，特別支援学校の教師の合計人数は，国立，公立，私立を含めて 99 万 3174 人にも達し（「学校基本調査」による。2023 年 5 月 1 日現在の通信教育を

含まない本務者の数値），資格を必要とする専門職の中で最大の集団の一つを形成しているのです。約100万人の教師が現代日本には存在し，またそれぞれの教師がさまざまな姿を見せ，私たち自身はそのほんの一部分の教師（の姿）に出会ってイメージを形成しているのですから，そのイメージが一つのものに収斂しないで，非常に多様なものとなっているのは当然のことでしょう。

| 教師が果たす機能とは |

私たちは多様な姿を示す教師を，なぜ教師として認識するのでしょうか。彼ら／彼女らが制度的に教師として位置づけられた存在だからでしょうか。確かに，制度的に位置づけられた存在でなかったならば，私たちが彼ら／彼女らを教師として認識することはないでしょう。教師が子どもたちに教えるという行為は，学校教育という制度に埋め込まれて可能になっているので，その制度を抜きに教師を教師として認識することは難しいことです。

しかし一方で，彼ら／彼女らが果たしている機能にも目を向ける必要があります。事実，ある機能を果たしているからこそ，私たちは彼ら／彼女らを教師として認識している側面があり，その機能を果たさない教師が存在するならば，制度的には教師として位置づけられていようとも，私たちは彼ら／彼女らを教師として認めないのではないでしょうか（「反面教師」としてとらえるのかもしれませんが）。

それでは，教師が果たしている機能とは何なのでしょうか。教師は学校や教室で，実にさまざまなことを行っています。授業とその準備はもちろんのこと，学級（ホームルーム）の運営，学級通信や学年通信の作成と配布，生徒指導（生活指導），進路指導，保護者との面談，学校行事の運営，部活動の指導，校内研修，職員会議をは

じめとする各種会議，各種の事務処理，地域との連携など。

　しかし，学校は子どもが学ぶ場であるとするならば，子どもの学びを支援し保障する行為に，学校教育制度のエージェントである教師の機能は集約されます。前述の諸活動は，子どもの学びを支援し保障する行為に，直接的にあるいは間接的につながるものです。

　教師の機能が学びを支援し保障する行為，言い換えれば，教えるという行為に集約され，教えるという行為を媒介として，私たちが教師を教師として認識するのであれば，教えるという行為を基礎づけている教職の専門性とは，一体何なのでしょうか。私たちはあまりにも日常的に学校で教師と接しているため，教職の専門性を意識することはほとんどありません。その意識しない教職の専門性を，子どもからは見えない部分にまで踏み込んで意識化していくことこそ，ほかならぬ本章の課題です。

　以下では，第1に，教職の専門性はどのようにとらえることができるのかを概観します。ここでは，その専門性に関して国際的にどのような共通理解が得られているのかを検討します。第2に，その専門性を教師はどのように開発するのかを考察します。教師は生涯を通じて教師になるといわれます。他の専門家と同様に，教職に就く段階で専門家として完成されているのではなく，医者が臨床経験を積み重ね，臨床事例に基づいたケース・カンファレンスを通じて専門家として成長していくように，教師は教職に就いてから退職するまで，自らの教育実践や校内研修をはじめとする現職教育を通じて成長するのであり，養成教育が完成教育ではないのです。このことを，養成教育と現職教育の理念，現状，課題を記述することによって明らかにします。第3に，今日の教師教育の中心である現職教育に関して，日本にはどのような特徴があるのかということを，国

際的な調査を参照しながら見ていくこととします。

2 教職に対する国際的認識

「教員の地位に関する勧告」

教師を教師たらしめ，教師が共通して有している／有するべきと想定される専門性とは，どのようなものなのでしょう。教えることが上手なことなのでしょうか。専門教科に関する知識や技能が豊かなことなのでしょうか。人間味にあふれていることなのでしょうか。それとも，倫理観が高く高潔で誠実なことなのでしょうか。

　教職の専門性を考える際によく参照されるのが，ユネスコの特別政府間会議（1966年9月21日-10月5日）で採択されたILO（国際労働機関）・ユネスコ「**教員の地位に関する勧告**」（UNESCO［1966］）です。条約ではないため，法的拘束力はありませんが，日本政府はこの勧告の採択に賛成しています。それでは，勧告を読んでみることとしましょう（勧告の翻訳では，勧告名に見られるように，teacherを「教員」と訳しています。本章では，勧告名を記す際には「教員」を用い，引用では引用元に従い，その他の場合は「教師」と記します。なお，日本の教育法規や行政文書では，「教師」ではなく「教員」という言葉が用いられます）。

　まず，勧告の第6項に次のように記されているのが注目されます。

　　教育の仕事は，専門職とみなされるものとする。教育の仕事は，きびしい不断の研究を通じて獲得され，かつ，維持される専門的知識および特別の技能を教員に要求する公共の役務の一形態であり，また，教員が受け持つ児童・生徒の教育および福祉に対する個人お

および共同の責任感を要求するものである。

　勧告は教職を，教師個人，そして教師集団が，専門的知識などに関する研究を継続的に行い，その知識などによって子どもの教育や福祉に責任を負う公共性の高い専門職（profession）であると規定していることがわかります。この規定を実効的なものとするために，勧告は次のように教師に**自律性**を与えることの重要性を主張するとともに，教師自身には専門性を開発することを求めています。

　　教職にある者は，専門的職務の遂行にあたって学問の自由を享受するものとする。教員は，生徒に最も適した教具および方法を判断する資格を特に有しているので，承認された計画の枠内で，かつ，教育当局の援助を受けて，教材の選択および使用，教科書の選択ならびに教育方法の適用にあたって，不可欠の役割を与えられるものとする（第61項）。

　　いかなる監視または監督の制度も，教員の専門的な職務の遂行にあたって教員を励まし，かつ，援助するように計画されるものとし，また，教員の自由，創意および責任を減じないようなものとする（第63項）。

　　すべての教員は，その専門職としての地位がかなりの程度教員自身に依存していることを認識し，その専門上の仕事のすべてにおいて，可能な最高の水準を達成するよう努めるものとする（第70項）。

　勧告が記している教師の自律性は，教職の専門性の核であり，教育実践の特質に由来するものです（稲垣・佐藤［1996］，147-48頁）。教室において教師は，一人ひとりの子どもの状態，背景などを考慮しながら，ある教材をある方法で教えることを選択し，子どもたちの学びを支援し保障しようと考えています。同じ子どもたちで構成される教室は一つしかないのですから，同じ教材を用いたとしても，その教材がある教室の子どもたちにもつ意味と，別の教室の子ども

たちにもつ意味は異なっています。また，ある方法で子どもたちが主体的に学ぶ場合もあれば，その方法では子どもたちが学びの主題を見出すことができない場合もあります。したがって，教師による教材や教育方法の選択は，子どもたちの学びにとってこの上なく重要なものであるため，教師の責任は非常に大きなものになると同時に，教師に高度の自律性が求められるのです。

　また勧告は，次のように専門家協会としての教師の団体に対して，倫理綱領や行動綱領を制定することを求めています。専門家協会は，専門職の自律性を保障，擁護し，専門職の資格認定や研修を行いますが，それらを行う基盤となる専門職の自己管理として，勧告は倫理綱領や行動綱領の制定を求めているのです。

　　　倫理綱領または行動綱領は，教職の威信および合意された原則にしたがった職責の遂行を確保するために大いに寄与するものであるので，教員団体により制定されるものとする（第73項）。

　日本にも1952年に日本教職員組合が示した「教師の倫理綱領」があります（1961年改定）。しかし，教職の地位が低かった時代的な制約や背景のため，その倫理綱領が記しているのは労働者一般の倫理であり，他の職業とは異なる専門職としての教職に固有の自己管理や教師の成長に力点を置いた倫理ではありません。

　教員の地位に関する勧告は，以上のように教職の専門性を示しています。すなわち，教職は，子どもの教育に対して，子ども，保護者，社会に責任を負うきわめて公共性の高い専門職であり，そして一人ひとりの教師には，専門性の核として，教材や教育方法を自分で判断しなければならないという，教育実践の特質に由来する自律性が求められ，その自律性を実効的なものとするために，自分自身

や専門家協会による厳しい自己管理，専門性の形成が求められる職業であることを示しているのです。同勧告は50年以上前に採択されたものですが，教職の専門性に関する理念は現在でも通用するものです。

　付言すると，同勧告は，名称から想像できるように，教師の経済的・社会的・政治的地位を高めることも政策的課題として提起しています。

「教員の役割と地位に
関する勧告」

教員の地位に関する勧告の採択から30年後に開催されたユネスコ第45回国際教育会議（1996年9月30日-10月5日）で，序文と勧告1〜9から構成される，いわゆる「**教員の役割と地位に関する勧告**」が採択されました（UNESCO International Bureau of Education［1997］)。同勧告は，教師，保護者，市民が協力して子どもの学びを支援し保障するという，日本各地で試みられている「開かれた学校づくり」のような連携に言及していたり，情報・コミュニケーション分野の新しいテクノロジーをどのように教育の質的向上に生かしていくのかということを論じていたりと，それ自体興味深いものです。しかし，ここでは30年のあいだに教職の専門性に対する認識がどのように変容したのかを見ていくこととします。

　勧告は序文において，グローバリゼーションの進行やコミュニケーション・メディアの革新，日常生活や労働環境へのコンピュータの到来，若年層に顕著な失業の増加，道徳的価値観の衰退，家族的紐帯が子どもの社会化に果たす役割の弱体化などの諸変化の結果として，教育が変容しつつあるため，教師は教育，授業，指導，評価を行うと同時に，自己陶冶し，学校の現代化に参加し，変化を予見

すること，そして変化を受容する能力を示すことが求められると記しています。

また，教師には，子どもの学びを支援するだけでなく，子どもの市民性の育成と社会への積極的な統合を促進し，子どもの好奇心，批判的思考，創造力，独創力などを発達させることが望まれ，その役割は，集団における学習のファシリテーターというものとなっていくだろうと述べています。

さらに，他の情報供給者や社会化機関が遂行する役割が増大する状況において，子どもたちが大量の情報と多様な価値観の中で自分がどこに向かっているのかを認識できるように，教師は道徳的・教育的指導者の役割を引き受けるものと期待されているとも論じています。つまり，共通の教育的目標に向けて多様なパートナーが供給する教育的活動を，子どもの学びに即して調整する機能を果たすことで，現代の教師はコミュニティにおける変化の有能な担い手となると語られているのです（勧告の序文の2，3参照：UNESCO International Bureau of Education [1997]，p. 19）。

ただし，序文は，教育と教師には正当な根拠を有するとは限らない多くのこと，あまりにも多くのことが期待されているが，（教師もその作業に参加するのは当然であるとしても）社会の機能不全に対する解決策を見出す作業に取り組むのは社会自体であるはずだ，という重要な指摘もしています（同前）。つまり，あらゆる問題の解決を教育に期待する「教育万能主義」（松田 [1973]；広田 [2003]，広田 [2005]）に陥ってはならないことを指摘しているのです。

閑話休題。それでは，どのようにすれば，教師は学習のファシリテーターや教育的活動の調整者としての役割を果たすことができるのでしょうか。専門的能力（technical competence）を高めることが

必要なことはいうまでもありませんが，勧告がこれと同様に重視しているのが政治的関与（political commitment）の増大です。ここでいう政治的関与とは，私たちが「政治」というときにイメージするような，いわゆる政治活動・運動に参加することではありません。勧告が意味している政治的関与とは，学校運営や教育改革，そして教育評価への参加です。これらへの参加を通じて，教師が前述した役割を果たすことがめざされているのです。

　勧告は，どのような国家においても，教育改革が地域や学校レベルの教育的意思決定に大きな自律性を与えつつあることを指摘した上で，教育改革の過程に教師の参加を促す必要があると提起しています。そしてそのための方策として，教育目標と改革の方向を明確に定める協議会や調整，対話に教師も参加することを挙げ，その協議会や調整，対話は教育計画や教育改革の実行段階だけではなく，計画や改革の企画，開始，追跡，評価にもかかわるのが望ましいとしています。また，授業方法や学習方法，教育活動の組織化，成果評価システムの実施にかかわる決定を行えるように，学校に十分な自律性を与えることも方策として挙げています（以上，勧告4参照：UNESCO International Bureau of Education [1997]，p. 26）。

　このように新しい勧告は，30年間の状況変化から要請される教師と学校の新しい役割を意識して，教員の地位に関する勧告に記されていた教職の専門性に学習のファシリテーターや教育的活動の調整者という機能を付加し，教職を従来以上に高度な専門職として規定しているのです。

　教職は，それに対する批判の常套句として，誰にでもできる職業と語られることがあります。しかし，勧告は，教職は決して単純な職業ではなく，誰もが将来の展望を見出すことができない複雑化し

た社会において，高い専門的見識と政治的関与，端的にいえば幅広い教養によって，子どもの教育に責任を負うという，公共性の高い困難な課題に挑む専門職であるととらえているのです。それでは，その難題に取り組む専門家である教師はどのように養成され，どのように成長していくのでしょうか。

3 教師の養成，成長

前節で扱った「教員の役割と地位に関する勧告」において，教師の養成と成長がどのように論じられているのかを見ることとしましょう。**養成教育**（pre-service training）については勧告2で（UNESCO International Bureau of Education [1997]，pp. 22-23），**現職教育**（in-service training）については勧告3で扱われています（同前，pp. 24-25）（なお，以下における本勧告を引用，参照した文中にある（　）内の数字は，勧告の番号・項・号を，数字が2つしかない場合は勧告の番号・項を意味します）。

教師教育に対する国際的認識

　勧告は，養成教育と教師の専門職としての活動で求められることのあいだに大きな溝が存在する場合があるとし，特に次の5点において隔たりが大きいとしています。すなわち，①教える学問分野への精通，②期待される役割やさまざまな授業・学習状況における教授戦略に関する幅広い理解，③生涯教育に対する強い関心，④革新的な能力とチームで働く能力，⑤職業倫理の遵守，です（2.1）。これらの隔たりを埋めるために勧告は，養成教育と現職教育が緊密に結びつくのが望ましいし，両者を連続体としてとらえる教師教育の

システムを構築することが世界中で要請されていると論じています（2.2）。そしてそのようなシステムを構築するために，次のような5つの養成教育の改善を提起しています。

　第1に伝達する知識への精通と，その知識に適した授業・学習方法への精通とを結合する（2.3.1）。第2に観察，討論，参加を用いた方法によって，授業実践の位置づけを強化する（2.3.2）。第3に教師に必要不可欠な役割を果たすための基礎的な技能（現職教育，集団的専門性の本質的な条件である同僚とのチームワーク，教育学研究の方法に関する基礎的訓練，他者・人権・平和・民主主義の尊重，文化的多様性の促進，自然環境への配慮などと関連する諸技能）を発達させる（2.3.3）。第4に子ども，特に身体的・社会経済的・地理的・文化的に不利な子どもが学ぶことができるように励ます態度を発達させることに十分に特別な注意を払う（2.3.4）。第5に多様な民族集団，文化集団，特別な教育ニーズを有する人々，へき地の人々，極端な貧困や紛争の影響を被っている人々の要求を満たすことができる教師の養成を質的量的にめざす（2.3.5）。

　養成教育と連続体を構成するべき現職教育について，勧告は，急速な変化を経験しつつある世界では，あらゆる活動と専門的職業を遂行するには現職教育が肝要になってきており，実際に各地の教育当局や教師の大きな関心を喚起していると分析しています（3.1と3.2）。そして，現職教育政策の方針として今後採用されうるものとして，次のものを列挙しています（なお，勧告はこれら以外にさらにもう一つの方針を記していますが，日本の状況にはあまり当てはまらないため，ここでは省略します）。

　①現職教育は，教師にとって権利であると同時に，義務であるととらえられなければならない（3.2.1）。②現職教育の大部分は，学

校においてチームワークを通じて組織されるべきであり，計画の策定には教師自身が積極的に参加する（3.2.2）。③新任教師には特別な配慮（個人指導や監督制度）がなされなければならない（3.2.3）。④未来の教師が専門職の文脈において遭遇する問題や採られる解決法に熟知する機会を提供するために，現職教育によって得られた経験が養成教育に寄与するような仕組みを構築する（3.2.4）。⑤現職教育は専門的な活動支援サービスを通じても発達させるべきであり，そのサービスが問題解決支援の中心として構想され，すべての教師がアクセスできるようにする（3.2.5）。⑥教師の管理，監督，評価にかかわる者が行政的，監督的役割を果たすとともに，教育学的指導を教師に提供できるように，彼ら／彼女らへの現職教育に特別の優先権を与える（3.2.6）。⑦教師教育担当者と教師教育機関は，教師の役割を強化する過程において重要な部分を担うことが望ましく，現職教育に積極的に参加することが望ましい（3.2.7）。

　以上のように，勧告は専門職としての教職の養成教育，現職教育について，また両者の溝を埋める方策について述べています。それでは，日本の養成教育と現職教育の現状はどのようになっているのでしょうか。このことを，現状が抱えている問題点を中心にして検討することとしましょう。

日本の養成教育の現状　日本の教師の普通免許状には，大学院修士課程修了・大学卒業・短大卒業レベルを基礎資格として，それぞれ専修・一種・二種の免許状が存在します。2021年度の免許授与件数では，小学校・中学校・高等学校・特別支援学校教諭の普通免許授与件数の合計が13万8127件であり，そのうち一種免許が11万4986件（83.2％）である一方，専修免許は1

万 141 件（7.3％）に留まっています（文部科学省総合教育政策局教育人材政策課教員免許企画室［2023］）。現在の大学・短期大学進学率（過年度高卒者等を含む）が60％程度であることを考慮すれば（「学校基本調査」によると，2023年度は61.1％），複雑化した社会において，子どもの学びを主導的に支援する高度な専門職と認識されているにもかかわらず，他の専門職と比較して，教職は担う役割に見合った高度な養成教育が行われていないと見ることができます。大学院修士課程レベルでの養成教育を充実させていくことが，日本の教師教育における課題の一つとなっています。

　また，教育実習の期間が著しく短い点も，日本の養成教育の特徴です。小学校・中学校が4週間（3週間で行う場合もあります），高等学校が2週間という短期間であり，しかもこれは参与観察と授業実習を合わせたものですから，実際に授業を行うのは限定された回数となります。このような教育実習は，専門家を養成する教育の内実を備えていないということができるでしょうし，わずかな実習しか経験していない新任教師が，教職イメージを覆されるリアリティ・ショックを経験するのは当然でしょう（第6章を参照）。教育行政機関，大学院，大学，小学校，中学校，義務教育学校，高等学校，中等教育学校，特別支援学校などの関係諸機関が連携し，他国と比較して極端に短い教育実習期間をどのように延長していくのかということは，日本の養成教育の大きな課題の一つとなりうるでしょう。

　教育内容についていえば，2008年に教育職員免許法施行規則が改正されて「教職実践演習」が新設され，従来よりも養成教育の内容が教育実践・学校現場とのあいだに緊密な関連を有するようになり，2017年に公表された「教職課程コアカリキュラム」（中央教育審議会教員養成部会「教職課程コアカリキュラムの在り方に関する検討会」

［2017］）によって，一部の教職課程科目では，各科目を通じて受講生が獲得する実践的な能力が到達目標として示されるようになっています。教員の役割と地位に関する勧告が提起した「授業実践の位置づけを強化する」取り組みが行われていると見ることができます。

ただし，現状では教職課程の科目は理論的な学習を中心とするものが多いため，教職課程の一部における取り組みが受講生の教育実践や学校現場に対する理解を深め，実践的能力を獲得できるものとなっているのかを検討する必要があるでしょう。

日本の現職教育の現状

現職教育についていえば，すでに日本では研修は教師の義務であり，権利であると位置づけられています（教育公務員特例法第21・22条参照）。研修には，制度化されたもの，学校の同僚間で行われるもの，教師個人が自発的に行うものがあります。制度化されたものとしては，1960年代半ば以降に各地に整備された教育研修センターを中心に行われている初任者研修，中堅教員研修，管理職研修などがあります（巻末資料の図資-5も参照）。その他に，文部科学省，教育研修センターなどが各種の研修関連講座を実施しています。学校の同僚間で行われるものには，全教師，学年の教師集団，教科の教師集団で行われる校内研修，授業検討会がありますし，時間の空いている教師に授業を参観してもらい，助言をもらう非公式の研修も行われています。教師個人が自発的に行う研修には，教師が個人的な関心に即して行う読書，旅行などに加えて，全国各地に数多く存在する，教育や子どもの学びに関する問題意識を共有する教師が集まってインフォーマルに学び合う各種の研究会やサークルでの活動もあります。

制度化された研修では，教育計画の策定，実施，評価に教師がど

のようにかかわっているのか，つまり教師の自律性，研究の自由との関係はどうなっているのか，また内容が教育実践の事例研究を中心とした教師の実践的見識を高めるものとなっているのかということが常に問われる必要があります。換言すれば，教職の専門性を開発するものとなっているのかどうかが検討されなければならないのです。教師の自律性を保障し，専門性を高めていくためのものという原則が確保されないならば，制度化された研修は，与えられた授業方法，子ども理解，教育思想などを教師に効率よく伝達する官僚主義的なものへと堕してしまい，教職は専門職とはいえない職業へと変質してしまいます。

　校内研修，授業検討会については，本書第3章と第7章で詳しく論じているので，ここでは言及しません。

　インフォーマルな研究会やサークルは，他国には例を見ないほど日本において発達しています。これらの研究会やサークルを基盤としながら，教師たちは自主的な研修を行い，数多くの教育実践を創出し，その記録を雑誌や書籍において報告しています。

　校内研修やインフォーマルな研究会，サークルでは，主として事例研究を行っています。事例研究を通じて教師は，①即興的思考，②状況的思考，③多元的思考，④文脈化された思考，⑤思考の再構成によって特徴づけられる実践的思考様式を獲得し，そしてその思考様式の背景にある子どもに対する認識，幅広い教養，教育観を共有し伝承しています（佐藤ほか［1990］；佐藤ほか［1991］）。したがって，特に経験の浅い若手教師にとって，事例研究は数多くの経験豊かな熟練教師の実践的思考などに接することのできる非常に意義深い研修となっています。

　しかしながら，若い教師のインフォーマルな研究会やサークルへ

表 8-1　精神疾患による教師の休職者の年代別割合

	2012	2013	2014	2015	2016	2017	2018	2019	2020	2021
20 代	0.48%	0.54%	0.49%	0.50%	0.45%	0.51%	0.54%	0.59%	0.57%	0.78%
30 代	0.58%	0.62%	0.64%	0.63%	0.56%	0.63%	0.69%	0.76%	0.68%	0.77%
40 代	0.60%	0.59%	0.63%	0.63%	0.62%	0.62%	0.64%	0.67%	0.70%	0.77%
50 代以上	0.64%	0.64%	0.62%	0.61%	0.58%	0.57%	0.55%	0.55%	0.51%	0.53%

（出所）　文部科学省初等中等教育局初等中等教育企画課「公立学校教職員の人事行政
　　　状況調査について」各年度版。休職者数と在職者数の年度が異なるのため参考数値。

の参加率が低下していることが懸念されています。また，参加者における女性教師の割合の低さも指摘されるところです。教師の専門性開発における年齢差や性差の影響を分析し，影響があるならば，改善策を講じていく必要があります。

　また，2020 年初頭以降のコロナ禍，そして教師の働き方改革が教師の専門家としての成長，学びに影響を与えているのかもしれない点も見逃せません。表 8-1 を見てみましょう。

　表は精神疾患による教師休職者の年代別割合推移を示したものですが，それ以前とは異なり，2021 年度は 20 代の割合が（わずかな違いですが）他の年代より大きくなっています。

　30 代以上の教師は，同僚から教師としての職業的社会化を終えていると見られ，また教師に期待される役割を十分に果たすことができる自負があるため，困難に遭遇しても独力で解決しようとし，解決できない結果として燃え尽きる傾向がある一方で，20 代の教師は自分自身も同僚も，彼ら／彼女らを教師としての成長過程にあると考えるので，困難に遭遇した場合に同僚や管理職に相談しやすく，またそれらの人々も相談に応じるため，困難を一人で抱え込むことがなく，燃え尽きること（バーンアウト）は少ないといえます。

表 8-1 の 2020 年度までの結果は，このことを示すものでした。

　2021 年度の結果は，これとは異なる事態が生じていることを示唆するものです。その事態が生じた理由が，新型コロナウイルス感染症の感染を懸念して教師同士のコミュニケーションが少なくなり，若手教師が困難を相談しにくくなったためということであれば，同感染症が収束するまでの一時的な事態なのかもしれません。

　しかし，取り組みが急速に展開しつつある教師の働き方改革も，2021 年度の結果をもたらす一因となっているのかもしれません。

　例えば，前記したように，校内研修は教師の専門性開発にとって大きな意義を有するものですが，働き方改革の結果，校内研修において参観した実践における子どもたちの姿を語り合う時間を十分に確保できなくなっているとするならば，教職経験を蓄積している教師よりも，蓄積していない教師への影響が大きいと考えられます。

　中堅教師や熟練教師であれば，参観した教育実践からさまざまなことを読解し，なぜ／どこで子どもがつまずいているのか，それを教師はどのように支援しているのかといった点を自分なりに省察できますが，若手教師には個人的にそのような省察をする力がまだ備わっていないからです。したがって，校内研修は，特に若手教師にとって重要な学びの機会となっているのですが，働き方改革によって校内研修に配分される時間が短縮され，若手教師の学びの機会が縮小し，以前の若手教師以上に独力で問題を解決するしかない状況に追い込まれ，学校，職員室，教室で孤立し，場合によっては燃え尽きてしまっているのかもしれません。

　コロナ禍で被った子どもたちの学びの損失をいかに回復するのかということが学校教育の課題の一つとなっていますが，表からは若手教師にもコロナ禍で学びの損失が生じているのかもしれないこと

を推測することができ，その推測が妥当なものであるならば，その損失をいかに回復していくのかということも，学校教育の課題の一つととらえることができるのではないでしょうか。

　もちろん，このように記すからといって，教師の働き方改革に反対するということではなく，それが思わぬ影響を及ぼしているのかもしれず，その影響を踏まえて働き方改革と専門性開発を両立させる方途を探ることが必要ではないかということを述べたいのです。

　　　　　　　　　　　日本の養成教育，現職教育の現状と課題に
校長職の養成　　　ついて述べてきましたが，もう一つの課題
に簡単に触れておきたいと思います。その課題とは，教育実践というよりも，むしろ学校運営・経営に尽力する校長職の養成をどのようにとらえるのかというものです。

　民間人を校長に登用する事例があります。是非は措くとして，この種の事例は，校長に学校運営・経営におけるリーダーシップが求められていること，また一般の教師が成長して校長になる従来の道筋に疑義が差し挟まれていることを示唆しています。

　校長には，授業や学級運営・経営などに関する各教師への指導や助言をはじめとして，各教師の特徴を生かす担任や校務分掌の決定，学校運営・経営の基本方針の策定，それに基づく具体的な教育目標の設定と教育計画の立案，目標・計画の実現・実行をめざした校内研修などの研究活動の組織，保護者や市民との交流，他の諸機関との折衝，学校の物的教育環境の整備といった多岐にわたる職務があります。現職教育，授業，学習に精通していることは当然として，教育行政に関する見識，社会の動向についての幅広い視野などが校長には求められているのであり，一般教師とは異なる専門性が要求

されるのです。

　日本の場合，2022 年度に新たに公立学校校長に登用された校長の年齢を見れば，50 代以上が 95.2% 程度を占めています（文部科学省初等中等教育局初等中等教育企画課［2022］。55 歳が最多年齢，平均年齢は 54.6 歳）。また，OECD（経済協力開発機構）が 2018 年に実施した **TALIS（国際教員指導環境調査**：Teaching and Learning International Survey）2018 での中学校校長のデータを見ると，日本の中学校校長の平均年齢は 58.0 歳であり（参加国・地域平均 51.4 歳），校長としての通算勤務年数が 4.6 年（同前 9.5 年）となっています（国立教育政策研究所編［2019］，105-14 頁）。これらの数値は，他国と比較して日本では校長の年齢が高く，また勤務期間が短いことを示すものであり，校長としての専門性を開発する期間を，校長に対して十分に提供できていないのかもしれません。それゆえ，一般教師とは異なる校長の専門資格を大学院で与える制度を樹立するなどの方策を講じて，いかに校長の専門性開発を支援していくのかということが，今後の教師教育の大きな課題の一つとなっています（佐藤［1999］，141-42 頁）。

　以上，教師の養成教育と現職教育に関する国際的な認識，日本の現状と課題を見てきました。教職の専門性の変容に連動して，養成教育と現職教育にも変化が求められていますが，前述したように，日本の教師教育にはいくつかの課題が残されているのが実情であり，新しい時代に相応しい教職の専門性を開発し，形成するための現職教育，養成教育を実現するために関係諸機関が立場を越えて持続的に協力し，連携していくことが求められています。

4 日本における教職の専門性開発に見られる特徴

専門性開発をめぐる状
況

日本の養成教育，現職教育には，前節に記
したような課題が存在しています。そのよ
うな状況において，日本の教師たちはどの
ように専門性を開発しているのでしょうか。以下では，前記の
TALIS 2018 の調査結果などに基づきながら，この点について考え
てみたいと思います。

最初に学級規模を確認しましょう。2019 年の OECD 平均（国公
私立学校を含む）が小学校で 21 人，中学校で 23 人となっています
が，日本はそれぞれ 27 人，32 人となっています（経済協力開発機構
[2021]，409 頁）。OECD 加盟国の中では日本は，小学校がチリに続
いて，中学校がコスタリカに続いて，いずれも 2 番目に多くなって
います（資料 263 頁の図資-1 も参照）。

日本の教師は，国際的に見れば教室の子どもたちの一人ひとりに
目が届きにくい状況で専門性を発揮して教育実践を展開し，子ども
たちの学びを支援しようとしているのです。

次に，TALIS 2018 の調査結果から教師の勤務時間のデータを見
てみましょう（表 8-2）。小学校は参加国・地域が少ないので，ここ
では中学校のデータを見ることとします。

日本の教師たちの 1 週間の勤務時間は，参加国・地域の中で最長
の 56.0 時間となっています（小学校教師は 54.4 時間，参加国・地域で
最長）。一因は学級規模の大きさがもたらす負担にあると推測でき
ますが，「生徒の課題の採点や添削」「生徒に対する教育相談」「保

表 8-2　教師の「通常の1週間」の勤務時間（中学校）

	仕事時間の合計	指導（授業）	学校内外で個人で行う授業の計画や準備	作業や話し合いでの同僚との共同	学校内での生徒の課題の採点や添削	生徒に対する教育相談	学校運営業務への参画	一般的事務業務	職能開発活動	保護者との連絡や連携	課外活動の指導	その他の業務
日本	56.0	18.0	8.5	3.6	4.4	2.3	2.9	5.6	0.6	1.2	7.5	2.8
参加国・地域平均	38.3	19.3	6.8	2.8	4.5	2.4	1.6	2.7	2.0	1.6	1.9	2.1

（出所）　国立教育政策研究所編［2019］72-73 頁。教師の回答に基づいている。「通常の1週間」とは，休暇や休日，病気休養などによって勤務時間が短くならなかった1週間とされている。週末や夜間など就業時間以外に行った仕事を含んでいる。各項目に費やした時間数の合計と「仕事時間の合計」が一致しない場合があるが，別々の項目に関する回答を集約しているためである。

護者との連絡や連携」に費やす時間に関して，平均と日本のあいだに大きな違いがあるわけではありません。また，「指導（授業）」を行う時間は，平均よりも短くなっています。

　平均と日本で大きな違いがあるのは，「課外活動の指導」と「一般的事務業務」に取り組む時間です。前者は日本が突出して長く，中学校が部活動に力を入れていること，そして多くの場合に教師が顧問となっていることが原因といえるでしょう。後者については，文部科学省，都道府県・区市町村教育委員会などからの各種調査に対する回答依頼が増えていること，教師が記入する各種文書の数量が以前と比較して増加していることは，教師がよく語るところです。このことが，一般的事務作業に費やす時間を長くさせています。TALIS 2018 の調査結果を分析した別の報告書が，日本の中学校教師のストレスの背景要因で最も高い割合となっているのが「事務的

な業務が多過ぎること」を明らかにしています（国立教育政策研究所編［2020］，63-65頁，参加国・地域の平均でも，この項目が最も高くなっています）。

　勤務時間についても，日本の教師たちはあまり恵まれていない状況で，専門性の開発に取り組んでいるのです。

　なお，日本の教師の勤務時間が長い一因は，「公立の義務教育諸学校等の教育職員の給与等に関する特別措置法」（いわゆる「給特法」，1971年制定）によって，教師には給与月額の4％を教職調整額として支給するとともに，時間外勤務手当や休日勤務手当は支給しないとされていることにあります（第3条）。教職調整額は，一般行政職と同様の勤務時間管理になじまない教師の勤務態様の特殊性を考慮したものであり，4％というのは1966年度に文部省が実施した「教員勤務状況調査」から積算されたものです。当時は実態に即した条文であったのでしょうが，現在では，教職調整額を支給すれば，いくらでも働いて／働かせてかまわないという事態を招く機能を果たしているのかもしれません。給特法をどのように現状に即したものへと改正していくのかということは，日本の教師たちの専門性開発にとって大きな課題となっています。

専門性開発の様相

TALIS 2018は，教師の専門性開発（職能開発）に関するいくつかの項目について調査を実施しています。日本の教師たちは，勤務時間や学級規模において恵まれた環境ではないと言及しましたが，表8-2にあるように，「職能開発活動」に取り組む時間も短く，参加国・地域で最短となっています（小学校でも同様）。TALIS 2018のデータから，日本の教師たちがどのような状況で専門性開発に取り組んでいるのか，また

どのような専門性を獲得することを望んでいるのか，さらに専門性を開発する障壁は何なのかということを見ていくこととしましょう。ここでも，中学校のデータを参照します。

　最初に，専門性開発の実態を確認しましょう。過去12ヵ月間で受けた専門性開発の形態では，「他校の見学」が65.1％（参加国・地域平均29.5％，以下，括弧内は参加国・地域平均）と平均よりも非常に高くなっていますが，「対面式の講座やセミナー」が37.3％（76.1％），「オンライン上の講座やセミナー」が9.4％（同37.9％）と平均よりもかなり低くなっています（国立教育政策研究所編［2019］，212-15頁）。

　専門性開発の内容についていえば，「担当教科等の分野に関する知識と理解」が89.2％（79.0％），「担当教科等の分野の指導法に関する能力」が86.9％（76.9％），「特別な支援を要する生徒への指導」が55.7％（42.6％）と平均より高くなっていますが，「カリキュラムに関する知識」が52.7％（70.9％），「生徒の評価方法」が57.1％（70.9％），「多文化又は多言語環境における指導」が12.9％（26.4％），「教科横断的なスキルの指導」が40.9％（54.5％）と平均よりもかなり低くなっています（同前，220-22頁）。

　このような形態や内容を通じて教師は専門性を開発しているのですが，実態と教師のニーズとのあいだにはズレもあります。TALIS 2018によれば，日本の教師たちは多くの項目で専門性開発のニーズが非常に高く，意欲的であるのですが，特に「個に応じた学習方法」が45.6％（15.1％）と参加国・地域で最も高くなっています（同前，226-28頁，小学校でも同じ結果）。

　過去12ヵ月に受けた専門性開発の内容において「個に応じた学習方法」は53.5％（51.9％）と決して低いわけではありません。し

かし，学級規模が大きいため，すべての子どもの学びを支援することに困難を抱えているのであろうと考えられますが，「個に応じた学習方法」に関する専門性を，日本の教師たちは他国の教師以上に開発したいと望み，専門性開発の機会の充実を求めているのです。

TALIS 2018 は，専門性を開発する機会への参加障壁についても調査しています。第 10 章の内容と関連するものと思われますが，日本の教師たちは「家庭でやらなくてはならないことがあるため，時間が割けない」ことが参加障壁となっていると回答した教師の割合が参加国・地域のなかで最も高い 67.1％（37.6％）となっています（同前，239-41 頁，小学校でも同様）。

他国との比較ではなく，日本の結果だけに目を向ければ，「職能開発の日程が自分の仕事のスケジュールに合わない」が最高の 87.0％（52.5％）となっています（同前，小学校でも同様）。この点に関しては，その場に身を置いて教育実践を参観することはできませんが，低調な「オンライン上の講座やセミナー」の積極的な活用が求められるのかもしれません。

同僚関係を通じた専門性開発についていえば，表 8-2 では「学校内での同僚との共同作業や話し合い」に費やす時間が，参加国・地域平均よりも若干ですが長くなっていました。TALIS 2018 は同僚間の協働についても調査していますが，月に 1 回以上「他の教員の授業を見学し，感想を述べる」取り組みを行っている日本の教師は 13.9％（12.5％）であり，この取り組みを頻繁に実施しているわけではありません（国立教育政策研究所編［2020］，181-88 頁）。ただし，月に 1 回以上の頻度ではありませんが，その取り組みを行っている教師は 93.3％（63.3％）に達し，参加国・地域平均を大きく上回っています（同前）。

また，勤務校におけるフィードバック（教師の仕事に対する何らかの関与に基づいて行われる，教師の指導に関する意見や反応）に関連する結果を見ると，フィードバックが基づく情報で「授業観察」が88.7％（83.8％）と最も高く，また参加国・地域平均を上回っています（同前，195-98頁）。そして，フィードバックがよい影響を与えたと回答している教師も80.1％（75.5％）と多くなっています（同前，198-99頁）。したがって，頻度は高くはありませんが，「他の教員の授業を見学し，感想を述べる」という同僚関係に根ざした取り組みが，日本の教師の専門性開発に寄与しているのです。

　ここまでに見てきたTALIS 2018などの調査結果を踏まえ，現代日本の（中学校）教師の専門性開発について述べると，以下のようになります。

　学級規模が大きく，また勤務時間が非常に長いという困難な状況で勤務しているにもかかわらず，日本の教師たちは専門性開発に意欲的であり，特に「個に応じた学習方法」に関する専門性開発を他の参加国・地域の教師以上に希求しています。

　また，専門性開発への参加障壁として，例えば家庭での負担と日程があります。前者は社会全体で解決を考える必要があるのかもしれませんが，後者はオンラインによる専門性開発機会を積極的に導入することで対応できるのかもしれません。

　さらに，他の教師による授業を参観して，感想を伝える試みは，頻度は高くはありませんが，他の参加国・地域以上に取り組んでいるものであり，感想を伝えられた教師の多くも，この試みを肯定的にとらえています。つまり，他の参加国・地域以上に，現代日本の教師たちは同僚関係を基盤としながら専門性を開発しているのです。

おわりに　教師の地位を向上させ，有能な人材を集める手段として，給与の向上が挙げられることがあります。しかし，教員の役割と地位に関する勧告は，それは必要だが，それだけでは不十分であると論じています。勧告が中長期的に最も見込みのある戦略としているのは，ほかならぬ教職の専門職化です（7.2）。

　また，給与の向上以上に専門職化を有効な戦略として挙げていることは，教師が専門性を開発しながら教職を続けるのは，給与というよりも，むしろ子どもの教育について，子ども，保護者，社会に責任を負い，子どもの学びにかかわりながら，民主主義社会の建設や文化の伝承などに参加するという公共的使命を認識し，実感しているからであることも意味しています（佐藤［2015］，39-40頁）。

　しかし，近年の学校教育批判，教師批判の昂進によって，日本では教職の公共的使命が揺らいでいます。それゆえ，養成教育と現職教育のシステムをいくら整備したとしても，教職の公共的使命を明確にしなければ，教師は専門性を開発し教職を続けようとは思わなくなるかもしれません。

　TALIS 2018の調査結果によると，教職への満足度にかかわる他の項目では参加国・地域平均とあまり変わらないのですが，「もう一度仕事を選べるとしたら，教員になりたい」という項目に関して，参加国・地域平均が75.8％であるのに対して，日本の中学校教師は54.9％に留まり，参加国・地域のなかで最低という状況にあるのです（国立教育政策研究所編［2020］，44-46頁）。

　公共的使命を明確化するには，保護者や市民，さらにはマス・メディアの学校教育と教師に対する視線の変容も必要になりますが，厳しい状況であるとしても，教師自らが子どもの学びを支援し保障

する専門家としての価値を明らかにしながら，専門性の開発を絶えず行い，教師に対する批判を解消していくことも要請されます。教師がどのように批判されようとも，現代日本社会において子どもの学びを支援し保障する第一の存在は教師であり，批判の大きさは期待の大きさの裏返しでもあるのです。

❖読書案内❖

①稲垣忠彦・牛山榮世ほか『続教師教育の創造——専門職としての教職を問う』評論社，2013年。
　日本の現職教育がどのように展開し，事例研究がどのように導入されてきたのか，また事例研究を中心とする現職教育を通じて，教師たちは何を学んだのかを学ぶことができる。

②佐藤学『教師花伝書——専門家として成長するために』小学館，2009年。
　職人でもあり専門家でもあるという重合的な教師のコンピテンスが，教育実践においてどのように発揮されているのかを，具体的な事例に即して明快に叙述している。

③山﨑準二『教師と教師教育の変容と展望——結・教師のライフコース研究』創風社，2023年。
　アンケート調査やインタビューなどをもとに，教師が生涯を通じて，どのように専門家として成長していくのかを分析した約40年にも及ぶ著者の研究成果の集大成である。

④斎藤喜博『授業入門』（新装版）国土社，2006年（初版1960年）。
　文化財の再創造者としての教師が授業を通じてどのように専門家として成長するのかを示している。日本の教育書で最も読まれたものの一つ。

Column ⑦ 『青い鳥』の「村内先生」
—— メディアの中の教師

　重松清の短編集『青い鳥』（新潮社，2007 年）の表題作を原作とする映画『青い鳥』は，阿部寛が演じる国語の非常勤講師村内先生が東ヶ丘中学校 2 年 1 組の担任を引き受けるために，3 学期の初日にバスで学校にやってくる場面から始まります。先生が学校に入ると，青い鳥 BOX という巣箱の形をしたポストが置かれている学校の情景が映し出されます。

　先生は 2 年 1 組に入って自己紹介をし，休職した高橋先生が復帰するまで担任を務めることを生徒に伝えますが，生徒の中には先生の説明を聞いて笑う者がいます。先生は吃音で，うまく話すことができないからです。生徒が笑っているところで，先生は「卑怯だな。忘れるなんて，卑怯だな」といい，「先生は，ど，どもります。あんまり，じ，じ，上手に，しゃ，しゃべれません。で，でも，本気で，しゃ，しゃべります。だ，だからみんなも，本気で，き，聴いてください。本気のこ，言葉を，本気でき，聴くのは当たり前のことです。みんなはそれができなかったから，先生はここに来ました」と語ります。それを聴いて，生徒たちは静まり返ります。2 年1 組は，いじめのために自殺を図り，その後転校していった野口くんがいたクラスだったのです。

　続いて先生は，日直である園部くんと高木さんに，物置にある野口くんの机と椅子を，野口くんの座席があった場所に戻させます。そしてその座席に向かって，「野口くん，お帰り」と語りかけます。翌日から朝の学活で，先生は野口くんの座席に向かって「野口くん，おはよう」と語りかけ続けるのです。

　先生の行為に，生徒たち（そして保護者）はうんざりし，反発します。新聞や雑誌に取り上げられた野口くんの自殺未遂の原因であったいじめへの対応として，東ヶ丘中学校では悩んでいることを投書できる，前述の青い鳥 BOX を設置したり，また 2 年 1 組の生徒全員に，保護者も交えて一人ひとりと面談を行った上で，原稿用紙

5枚以上の反省文をすべての先生が納得するまで何度も書き直させ，約1カ月を掛けて完成させていたりしていました。生徒たちは十分に反省したと思い，学校も野口くんの問題は解決したものとして扱い，野口くんのことを「忘れる」「卑怯」なふるまいをしていたのです。村内先生の行為は，そのふるまいを揺さぶるものであったのです。

映画は，野口くんの遺書に自分の名前が書かれているのではないかと思い悩む園部くんの葛藤，その葛藤に寄り添う村内先生の姿を中心に展開します。大きな注目を集めたいじめ事件を契機として，2013年にはいじめ防止対策推進法が制定・施行されましたが，この映画は，いじめの加害者，観衆，傍観者は被害者に対して何ができるのか，起こったいじめに対して何をしなければならないのかを考える一つの契機となることでしょう。

村内先生は，前記の短編集に収められた諸作品では，さまざまな中学校でさまざまな生徒に寄り添っています。映画を観ることに加えて，短編集も読んでもらえればと思います。

（参考：中西健二監督『青い鳥』2008年）

Column ⑧　先進諸国の教員免許取得の仕組み

ここまで，さまざまな点から教師の専門性について日本の制度や現状を見てきました。では，専門職としての教師の質保障や人材確保に向け，諸外国ではいかなる取り組みがなされているでしょうか。

専門性を確立する資格制度としてある教員免許状は，日本では一定の単位を取得した学士（学部卒業）等の学位授与者に付与されます。しかし，国によっては試験の合格者に免許状を付与する国（例：フランス，ドイツ）や，大学院修士課程修了が免許状取得の必須条件となっている国（例：フィンランド，ドイツ）もあり，教師の質確保に向け，免許状付与の基準はそれぞれです（文部科学省 [2006]）。

図　初期教員研修の流れ

認定前・教員養成段階					入職後・現職教育段階	
初期教員研修の選抜を受ける		初期教員研修を進める		入職する	採用1年目	持続的専門性開発
教職へ誘因する	候補者を選抜する	候補者に必要な技術や知識を身につけさせる	初期教員研修の質を保障する	新任教員の認定と採用をする	新任教員の支援をする	
オルタナティブ・ルート						

（出所）　OECD［n.d.］より筆者作成。

　また，こうした大学での養成に加えて，近年は教員養成から採用，研修までの一連の流れを支えることで教職へ人材を誘引し，かつ教職への定着と質確保双方を達成させようとする取り組みも進められています。図はOECDの示す養成－採用－研修の一連の流れで，図の最下部にある「オルタナティブ・ルート」（教員免許はないものの教育以外の分野で一定のキャリア経験がある人材を教職に誘引する）は日本でも一部自治体で始まっています。例えば，セカンドキャリア特別選考として，埼玉県では民間企業等での5年以上の正規採用経験や2年以内の免許状取得を条件とする採用が始まっています。これらは教員不足に対抗する一手段として量的拡充を図ろうとするものですが，質保障に向けた対応も忘れてはいけません。

　より実践的な力量形成や即戦力を獲得することをめざした取り組みとしては，イギリスで進められている学校ベースの教員養成（School-based initial teacher training: School-Based ITT）があります。理論と実践のバランスを指摘する声もありますが，このITTのよさは，実践経験や現場教師らからのメンタリングや日常的な指導を通して即戦力を身につけられるという点にあります。

　こうした取り組み以外にも，オーストラリアでは実習生を翌年同じ学校で雇用し，免許取得から入職後の学びを一貫して支え質保障と人材確保双方を達成させる取り組みもあり，各国では，大学における教員養成以外にも，教員の量的拡充と教職の専門性確立に向け，さまざまな取り組みがなされています。

第 **9** 章　時代の中の教師

▲明治時代の小学校卒業風景　　　　　（出所：『足羽小学校百年誌』1973 年）

　　いかなる教師もみな，それぞれの時代においてさまざまな歴史性を帯
びて存在しています。理想の教師像も，その時々の政策や社会状況に応
じて，大きく変化するのが実情です。現代の教師は，いかなる時代性を
背負って生きていると考えることができるのでしょうか。そのことを考
える手がかりとして，以下では主として教科書にどのように教師と生徒
との関係が描かれているかに注目をし，そこにいかなる時代性が織り込
まれているのかを明らかにしてみましょう。

◈本章のキーワード◈　　一斉教授法，森有礼，聖職者教師像，国民
教育，教師専門職論

1 近代学校成立以前の教師

●寺子屋の「師匠」

　まずは近代学校成立以前の教師の姿を図9-1，9-2の中に確認することから作業を始めてみることにしましょう。近代学校の教師の誕生は，1872（明治5）年の学制頒布とともに始まります。それまでの日本にあった庶民のための教育機関は寺子屋でした。長野県だけでも寺子屋の師匠は6000人以上いたとされており，長野県に限らず全国に寺子屋は普及していました。寺子屋の授業風景についていかなる絵が残されているでしょうか。右の図を見てください。

　寺子屋では教師は「師匠」，生徒は「寺子」とよばれていました。まず図9-1を見てください。1780（安永9）年に出版された『絵本弄』に掲載されているものです。この絵からは子どもがいたずらしている様子が手にとるようにわかります。机がコの字形に並べられ，師匠は寺子と向かい合うのではなく，隣の部屋から子どもの様子を見守っています。図9-2は1846（弘化3）年に出版された教訓書『主従心得草』の中にあります。使っているテキストは師匠自筆のものです。師匠は寺子の習字を後ろから手をとって直しています。並んでいる寺子の机はコの字とはいえ，座る向きもばらばらで並べ方もやや乱雑です。また，男子と女子の座る位置が分かれています。男子と女子だけでなく，身分差・家格差が大きい家庭の子どもがともに同じ寺子屋に通う場合は，席を分けることも多かったようです。

　これらの図からもうかがえるように，寺子屋では，「手習い」といわれた自習が基本で，必要に応じて一対一で師匠が寺子に教える，というものでした。従うべき教え方の様式などはありませんでした。

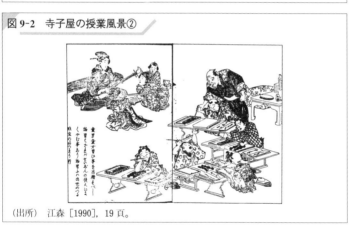

図 9-1 寺子屋の授業風景①

（出所）　江森［1990］, 15 頁。

図 9-2 寺子屋の授業風景②

（出所）　江森［1990］, 19 頁。

教室規模や机の並べ方もばらばらです。また個別指導だったので，貧しい家の子どもは家の手伝いで学校を休むことも多くありました。

　寺子屋ではまず師匠選びから始まりました。どの師匠の下で学ぶのかは寺子やその親にとって重要な関心事でした。師匠も寺子入りを許すかどうかをめぐって生徒選びが可能だったのです。師匠と寺

子は，この師匠に習いたい，この子どもであれば教えてもよいといったように，いわば個と個の取り替えのきかない関係として成立していたといえるでしょう。

2 日本における教育の風景の転換

● 「先生」の出現

　寺子屋の教授風景は，近代学校の成立によってどのように変化したのでしょうか。次に見ていただきたいのは，1894年に発行された『校訂尋常小学修身書』に掲載された挿絵です（図9-3）。

　教師が教壇の上に立ち，その後ろには黒板があります。そして生徒たちは整然と並べられた机を使い，教師と対面しています。全員椅子に座っています。教師が教科書を読み上げ，生徒全員がそのテキストを目で追っています。「センセイ」（先生）「ホウイウ」（朋友）という字は，教室の中に2種類の人がいることを示しています。ここではもはや家格や地位に応じて座る位置が変化するという差別的取り扱いはありません。生徒同士はみな「ホウイウ」として同等の友達関係とみなされることになりました。教師－生徒の近代的な関係の成立をここに読み取ることができます。

　なかでも当時の人たちにとって大きな変化は一人の教師が全員の生徒に同じことを教える**一斉教授法**でした。

　　……とにかく同年の四月新年までが所謂寺小屋式の教育であったのであろう。……
　　教室の模様替えのそれよりも更に吾々（われわれ）に大なる衝動を与えたものは，何と言っても先生の教授振りの変わり方であったろう。即ち昨日までは一人々々が床の間におけるお師匠さんの前に出て読み書き

図 9-3　1894 年『校訂尋常小学修身書』掲載の挿絵

第 二 十 課

センセイ ホウイウ

(出所)　東久世 [1962]，479 頁。

を習ったその個人指導が，今日は学級の一斉指導という教法に変っ
たからである。而かもその教授活動の一ツ々々が，未だ嘗て見たこ
とも聞いたこともない新奇即妙のもの許りである……（早坂
[1993]，50 頁）。

　この文章を書いた早坂留平治は宮城県で小学校時代を過ごしまし
た。早坂の育った地域において寺小屋から小学校へという変化は
1882 年のことだったようです。早坂が「一大革新」と記した教育
風景の転換において何よりも大きな変化は「学級の一斉指導」とい
う「未だ嘗て見たことも聞いたこともない新奇即妙」な指導法にあ

りました。近代日本において，学校の教師は，いわば一斉指導という新たな教授技法を駆使する存在として人々に迎え入れられたことがうかがえます。

　事実，文部省が学制発布の年に東京に師範学校を設立した際に行ったのは，アメリカ人教師スコットを招聘して一斉授業方式を実演させることでした。諸葛信澄はその様子を『小学教師必携』において次のように紹介しています。

　　読物
　　一，五十音図ヲ教フルニハ，教師先ツ其教フベキ文字ヲ指シ示シ，音声ヲ明カニシテ，之ヲ誦読シ，第一席ノ生徒ヨリ順次ニ之ヲ誦読セシメ，然ル後調子ヲ整ヘ，衆生徒ヲシテ，一列同音ニ，数回復読セシムベシ，但シ同音ニ誦読スルノ際，或ハ懸図ニ注目セズシテ誦読シ，或ハ沈黙シテ誦読セザル生徒アルガ故ニ，教師能ク生徒ニ注意スルコト緊要ナリ，……（諸葛［1990］，37-38頁）。

　生徒に復唱させる際に掛け図を見ていない生徒がいる可能性，沈黙したままの生徒がいる可能性を指摘するなど，なかなか念が入った注意を与えていることが注目されます。将来教師になるために師範学校に通う生徒もまた一斉指導法など経験したことがないのですから，事細かな指示が必要だったのでしょう。

　このような新たな授業様式の規定を伴って教師の職務が定められたことは重要な意味をもっています。それまでの寺子屋では，「手習い」といわれた自習が基本で，必要に応じて一対一で師匠が寺子（生徒）に教える，というものでした。そのため，一斉授業を行うことなどはなく，従うべき教え方の様式などもありませんでした。そして何よりも寺子屋ではまず師匠選びから始まり，その師匠のいる寺子屋に入門したのに対して，小学校では，まず学校ありきで学

区によって定められた学校に通うことが基本で，まして教師を選ぶことなどできません。寺子屋では，取り替えのきかない師匠と取り替えのきかない寺子との出会いの中で教育が行われたのだとしたら，いわば匿名の教師と匿名の生徒との出会いの中で教育が行われるような関係は，近代学校の成立に織り込まれていたのだといえるでしょう。

3 定型的教師像の誕生
●臣民教育の教師と国民教育の教師

1900年を一つの画期として近代学校に大きな変化が現れます。この年公布された第三次小学校令では，授業料無償制と教科書国定制を実現するとともに，学年階梯制を設けて学年ごとに学級を編成する仕組みを整えました。国語科が新たに設置されたのもこの時で，以後標準語教育によって人々の日常語の統一が進められることになります。1900年代には小学校への就学率もほぼ100％となり，ここに制度としての国民教育が確立することとなりました。図9-4の挿絵は，1900年に発行された『新編修身教典』尋常小学校用巻一の冒頭に掲げられたものです。

ここには，これまでの修身教科書には描かれなかった二つの新しい特徴があります。一つは教師が和装ではなく洋装，それも軍服を着ていることです。もう一つはこのときはじめて，遊んでいる教師の姿が描かれたことです。しかも教師の顔を見てください。遊んでいるにもかかわらず笑ってはいません。なぜ軍服を着た教師が笑わずに子どもと遊ぶ姿が描かれることになったのでしょうか。

教師が軍服を着ているのは，初代文部大臣**森有礼**のとった政策が

図 9-4　1900 年『新編修身教典』尋常小学校用巻一の挿絵

（出所）　普及舎 [1962]，575 頁。

深く関連しています。森は「教育ノ主眼ハ良キ臣民ヲ育成スルニア
リ」との立場から「従順」「友情」「威儀」を教師にとって重要な資
質とみなし，教師を「教育ノ僧侶」「教育ノ奴隷」になぞらえ，献
身や自己犠牲を教師に強く求めました（森 [1997]，63 頁）。その森
が 1886 年に出した師範学校令では，このような資質養成のために
兵式体操の必修化，生徒分団編成法の採用，全員入寮制による軍隊
式規律訓練を行うことを師範学校に課すことになりました。教師が
軍服を着て，遊んでいるにもかかわらず威儀正しい姿をしているの
は，この森の教員施策を反映してのことと思われます。ここに見ら
れる教師像を**聖職者教師像**とよぶことがあります。聖職者は神の意
思を大衆へと媒介する存在であるとしたならば，戦前期の教師は，
天皇の意思を子どもたちに媒介して伝達することを求められていた

からです。

　子どもたちと遊んでいる教師の姿がこの時期はじめて描かれることになったのは第三次小学校令と関係しています。第三次小学校令を普通学務局長として準備した沢柳政太郎は，1908年に『教師及校長論』を出版し，教育者は国民の先覚者であり，次代の国民を養成する者であるとの立場から，教師個々人が「立派な国民」かつ「忠良な臣民」として「道徳」「理想」「希望」「忠実心」などをもつべきであると説いています。1900年以降の学校教育は，天皇の忠実な「臣民」を育てるという目的（臣民教育）に国家の構成員を育てるという目的（国民教育）が新たにつけ加えられることになりました。臣民を育てる教育を進める立場からは，森有礼の言説に見られるように，人々の間の上下関係が強調されることになります。それに対して，国民を育てる教育を進める立場からは，沢柳の言説に見られるように人々の水平的な関係が重要視されることとなるのです。このようなことから，教科書に教師が子どもと遊ぶ姿が描かれたのは，**国民教育**の理想の教師像を新たに伝えようとする意図があったからではないかと思われるのです。

　臣民教育の教師と国民教育の教師，ここに日本における教職像の定型の成立を見てとることができます。この二つの教師像はその後，どのように変化することになるのでしょうか。以下で検討してみることにしましょう。

4 植民地ならびにファシズム期の教師像

●師 弟 同 行

　教科書の図像で確認しうるのは，国民教育の教師という要素が，

徐々に強化されていくありさまです。図9-5の挿絵と文章を見てください。

　あたかも戦後の教科書を思わせるようなやさしい教師の姿がここにはあります。教師は子どもの目線に立って会話をしています。この絵と文章が掲載されたのは，1923年に作成された台湾総督府『公学校用　国語読本』です。植民地での教育というと，強権的・強圧的な教育を想像しがちですが，子どもの自主性や自発的協力を獲得しうるような教師の愛情や慈悲深さを理想として強調する傾向も同時にあったことに注目したいと思います。当時の台湾では初等学校すら希望者全員が入学できませんでした。また日本の内地の子弟と台湾の本島人の子弟との教育機会の差別もありました。これら教育制度上の不備に対する不満が台湾の人たちの間で高まる状況がありました。植民地教育行政の不満をそらす意味においても，教師の聖職性は植民地において内地よりもいっそう求められる傾向にあったのです。図9-5の教師のことばに感じる，子どもに教師が媚びるような一種のあざとさも，植民地教育の権力性を覆い隠すための教師の欺瞞的やさしさをうかがわせているからではないでしょうか。

　教師が権威的に生徒に対するのではなく，生徒との水平的な関係を理想とし，子どもたちの自発性を引き出そうとする教育は，意外にも第二次世界大戦中の日本本土での学校教育の中にも見出すことができます。たとえば国民学校の『初等科修身』などを編纂した竹下直之は，『師魂と士魂』において「教へるものも，また教へられるものも，すべてが臣道実践に生きるもの」であると，教師と生徒がともに天皇の臣下としての道を歩むべき存在である点で同じ立場にあることを前提とし，「師弟同行といふことが強調されて，皇国の道に対する同讃同行がそのまま教育である」と考えていました

図 9-5　1923年『公学校用 国語読本』の挿絵と文章

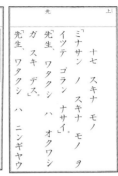

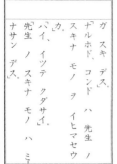

先　上

十セ　スキナ　モノ　ヲ
「ミナサン　ノ　スキナ　モノ　ヲ
イツテ　ゴラン　ナサイ。」
「先生、ワタクシ　ハ　オクワシ
ガ　スキ　デス。」
「先生、ワタクシ　ハ　ニンギャウ

「先生
ワタクシ　ノ　スキナ　モノ　ハ
犬　デス。」
「モウ　ホカ　ニ　ア
リマセン　カ。」
ガ　スキ　デス。」
「先生、ワタクシ　ノ
スキナ　モノ　ハ
ガクカウ

ガ　スキ　デス。」
「ナルホド、コンド　ハ　先生　ノ
スキナ　モノ　ヲ　イヒマセウ
カ。
「ハイ、イツテ　クダサイ。」
「先生　ノ　スキナ　モノ　ハ　ミ
ナサン　デス。」

(出所)　磯田編 [1998]，326 頁。

（竹下 [1943]）。

　このような「師弟同行」の思想を非常によく体現している実践記録として，東井義雄『学童の臣民感覚』を挙げることができるでしょう。兵庫県の生活綴方教師であった東井は，その序文において次のように述べています。

　　幼き師，それは，私の教へ児たちであつた。彼等は，そのいたゞかしめられた不可思議の生に於てものを感じ，ものを言つた。彼等の生，それは「臣民のいのち」であつたから，その感覚はまた「臣民感覚」であつた。わが教へ児らの「臣民感覚」それこそ，私をして私のしあはせに気づかしめた。これ，もとより，皇国無窮の御本願の御もよほしであつたのではあるが。
　　私は今，掌を合はせ，謹んでこの広大の御本願を礼拝しまつると共に，児らも大人も，無窮の臣のいのち（御本願が無窮にまします故に臣のいのちも無窮である）につながつて，よびかはし，たすけかはしつゝ行く臣の道を祈念するのである（東井 [1944]）。

　ここで東井は「御本願」である天皇の前には教師も子どもも，と

もに同じ臣下として務めるべき道を歩むのだととらえ，その上で子どもを「幼き師」とみなしています。まさに「師弟同行」の思想をここに見出すことができるでしょう。同書の中で東井は，「国史礼拝の記録——僕たちの二千六百年史（抄）」という実践記録を発表しています。「日本の国はすばらしい国だ」という「すばらしさ」を知ることを通して「ずっと昔の昔から，一つづきにつづいて流れてゐる血」を自覚させ，子どもたちの中に眠る「日本の血が燃えはじめる」ことを期待していたのです（東井［1944]）。

　この『学童の臣民感覚』が発行されたのは，1944年8月15日のことでした。奇しくもそのちょうど1年後，日本は敗戦を迎えることになります。新たな時代に，理想の教師像はどのように教科書に描き込まれることになったのでしょうか。次に見てみることとしましょう。

5 戦後の教師像

　戦前に提示された，聖職者としての教師像と国民教育の教師という教師像は，戦後においていかなる変化をみせることになったのでしょうか。結論を先取りするならば，二つの教師像は，かたちを変えつつも日本の学校教育において機能し続けているように思われます。

　1945年8月15日，ポツダム宣言受諾による大日本帝国敗戦後，1945年10月22日にはGHQによって「日本の教育制度の管理についての指令」が出され，軍事教育と軍事教練の停止と職業軍人・軍国主義と極端な国家主義を広めた者の教職からの追放を定め，「教

養があつて平和的で責任を重んずる公民」の形成を課題とする学校
教育の再構築を命じました。翌年文部省は「新教育指針」を公布し
ています。その中で文部省は「教育の実際において民主主義をいか
に実現すべきか」を主題とし、「生徒を民主的に教育するためには，
先づ教師自身が民主的な修養を積まなければなら」ないことを強調
しました。

　戦後の新たな教員像として指摘しうるのは，労働者教師像と専門
職教師像で，どちらも聖職者教師像を否定するという含意がありま
した。

　1945 年，GHQ の後押しもあって全日本教員組合と日本教育者組
合が発足します。2 つの組合が合併してできあがった日本教職員組
合は，1952 年に「教師の倫理綱領」を発表して教師を労働者とし
て規定し，階級闘争の立場を鮮明にします。これは，必ずしも恵ま
れているとはいえなかった教師の生活条件を改善することをめざす
とともに，聖職者教師像を否定するという意味合いをもちました。
戦前の聖職者イメージは国家によって付与されたものではありまし
たが，一人ひとりの教師もまた聖職者としてふるまい，子どもたち
を死地へと追いやってしまったことへの反省を含んでいたのです。

　また教師を専門職として定義したのは，第 2 次訪日アメリカ教育
使節団が最初です。さらに 1966 年 ILO とユネスコが共同で作成し
た「教員の地位に関する勧告」が出された後は，教員政策が**教師専
門職論**を鍵概念として身分の確立や資質向上を目的とした施策が展
開されていくこととなりました。

　一連の動きの中で，皇国イデオロギーの媒介者としての聖職者教
師像は公的に否定されることになったわけです。ただし，聖職者と
いう発想自体はその後も継承されることとなりました。たとえば体

育の授業や運動会に顕著に見られるように，軍隊式の規律訓練の指導はその後も教師の重要な仕事の一部として機能し続けましたし，1950年代半ば以降70年代にかけて，文部省の教育行政に対抗して教員組合が展開した「国民教育運動」では，教育基本法を拠り所としつつ国民の教育権を普遍的人権として規定し，国民の教育権を付託された存在として教師を位置づけました。その上で教師を「真理」の代理者として教師による教育の自由を行政側に要求することになったのです。戦前の教師が天皇制を絶対に正しいものとして伝える存在であるとしたら，戦後の教員組合運動は学問の「真理」なるものを絶対に正しいものとして伝える存在として教師をとらえることになりました。一連の議論の中で「真理」は理想として与えられたものととらえられがちであり，「真理」が論者の立場や関心に応じて多様に存在し，何が「真理」かは常に学問上の論争点となっていることが忘れられがちだったのです。

　さらに国民教育の教師という教師像についていえば，無傷なままに戦後へと受け継がれた感があります。次に掲げるのは，1953年に発行された小学校社会科教科書の中に描かれた教室風景です。

　図9-6に描かれているのは，小学校2年生の学年始めの教室風景です。教師と生徒は対面していますが，たとえば明治期の教科書に描かれた教室風景と対面の仕方が異なっているのに気づきましたか。明治期の教室風景では，生徒はまっすぐ教師を見ていました。それに対してこの教科書では，教師のほうに姿勢を向けながらも同時に顔は友達の方向を向いています。また黒板には「一ねんせいのおせわをしましょう」「うさぎのせわがかりをきめましょう」と書かれ，極力生徒同士の自主性に任せた教育活動を展開しようとする教師の姿勢がうかがえます。

図 9-6　1953 年発行の社会科教科書の教室風景

(出所)　安倍編［1953］，10 頁。

　教師も黒板の前に立つのではなく，黒板が見えやすいように黒板
の脇に立ち，チョークをもっていない手は後ろにまわしています。
また教師の顔はにこやかです。これも戦後期の教科書の新たな特徴
です。はじめて笑った教師の姿が全面的に教科書に登場するように
なったわけです。教師の権力性をできるだけ減少させて子どもの前
に立とうとする努力が払われているようにも見えます。

　このようにして見てくると，皇国の道を追究する「師弟同行」の
関係は否定されたとはいえ，国民教育的な教師と生徒との対等性を
イメージする「師弟同行」という関係そのものが否定されたことを
必ずしも意味していたわけではなかったことがうかがえます。戦時
下の教育が「皇国の道」を追究するための「師弟同行」を理想とし
ていたのだとしたら，戦後は民主主義の実現をめざした「師弟同
行」が理想とされていたとも考えられるからです。戦前も戦後も理
想的な国家像・国民像をあらかじめ想定した上で，それに向かって

生徒とともに「修養」する教師が理想とされたという点においては，国家・教師・生徒の三者関係は戦前と戦後で基本的に変化しなかったともいえるでしょう。ここに掲げた絵も，民主主義の時代にふさわしいかのように，教師が子どもの目線において語りかけようとする姿勢がより強くなった印象を受けることは確かですが，柔らかな物腰において子どもの自発性を動員する教師像という点では，植民地台湾の教科書で見た絵と連続していると考えることもできるのです。

6 おわりに
●現在の教師像を再考する

　これまで見てきたように，1900年前後において天皇の臣民を育てるという聖職者教師像と，国民を育てるという国民教育の教師像とが成立しました。教科書の図像から確認しえたことは，国民教育の教師像が再編されつつ徐々に強化されていくという点でした。特に1989年の学習指導要領改訂以後は，それが行きつくところまで行きついたかのような印象すら受けます。図9-7を見てください。これは生活科の挿絵です。

　図9-7は2012年発行の生活科教科書からの抜粋です。新しく入学した一年生が「がっこうをたんけん」し，保健室を探検した結果を教師に報告している場面です。教師は笑顔でかがんで生徒目線になり，「すごいはっけんだね」と共感的に応答した後，さらに「なににつかうのかな」と質問して，子どもたちの主体的疑問を喚起しようとしています。1989年の学習指導要領によって，子どもたちが自主的・主体的に学ぶ力を育てようとする，いわゆる「新学力

図9-7　2012年発行の生活科教科書の挿絵

ほけんしつに
れいぞうこが
ありました。

すごい はっけんだね。
なにに つかうのかな。

(出所)　加藤ほか［2012］，13頁。

観」が新たな理想となります。教師は「指導」するのではなく「援助」「支援」する存在なのだとされたのです。この生活科の教科書にもそのような「援助」的教師像が描かれているといえます。さらに2012年発行の学習指導要領では，主体的な思考力・判断力・表現力などの「生きる力」を喚起することが重視されており，この挿絵は，生徒の「生きる力」を引き出す教師のありようを具体化したものだといえるでしょう。

　このような状況は，近年になっても変化がありません。図9-8は2020年発行の生活科教科書の挿絵です。ここに見られるように，教科書に描かれた教師像の多くは，子どもの目線に合わせてかがんでいるのが特徴です。

　ただし「援助」「支援」というソフトな言い回しの裏で子どもの

図9-8 2020年発行の生活科教科書の挿絵

（出所）田村ほか［2020］，36頁。

　主体性自体を管理の対象とすることが，これまで以上に教師に求められるようになったことも事実です。1989年の学習指導要領から「関心・意欲・態度」が通信簿の評価の対象として加えられています。また文部省が2002年に作成した『心のノート』は小・中学生に1200万部配布されました。『心のノート』では子どもたちが「自分を見つめる」中で，国家が望ましいと定めた「心」を自然に獲得しうるような配慮がなされています（三宅［2003]）。

　聖職者教師像も，その発想自体は今日でも見てとることができると思われます。たとえば，「先生のくせに」「先生がこんなことをするなんて」といった教員の不祥事に向けられる世間からの強い精神主義的な非難などにも現れていますし，教員文化自体，教員の心構え，倫理をことさらに強調する点で精神主義的な性向を強く保持しています。近年では新たなナショナリズムの勃興の中で教師は「心

の教師」として再定義され，望ましい心のありようをあらかじめ国家が一種の真理として定め，それを子どもに伝達する存在として働くことが求められる傾向があります（高橋［2003］）。さらに 2006 年 12 月の教育基本法改正では，第 6 条で「教育を受ける者が，学校生活を営む上で必要な規律を重んずる」ことが新たに書き込まれました。そこでは教師はあらためて規律を守らせる規範的存在として子どもたちの前に立ち現れることが求められることになったわけです。

　そもそも，寺子屋での教育が師匠選びに始まったことに象徴されているように，学校が制度化される以前の教育はこの師匠でなければだめだという学習者側の思い，この寺子であれば教えてもよいという教師側の思いによって成立していました。それに対して近代教育は，教師と生徒との出会いは制度化された枠内において成立することとなりました。いわば取り替え可能な教師と取り替え可能な生徒との出会いといってもいいでしょう。取り替えのきく関係だからこそ，ことさらに権力性を排し一種の対等性を強調し，人間的な関係を築く中で子どもを教育する必要があったともいえるのではないでしょうか。また授業の場において個と個の関係を築きえなかったことから，日本の学校教育ではことさらに部活動において子どもと教師の人間的ふれあいを求める傾向がありました。

　つけ加えておくならば，このように書いたからといって，教師と子どもとの学びの場における個人と個人との取り替えのきかない関係を回復するために，寺子屋にならって，学校選択制度，教師選択制度を導入すべきであると考えるとするならば，早計の誹りを免れないのではないでしょうか。学校選択・教師選択が可能であった寺子屋では，男子と女子で学ぶ内容が違っただけでなく，職業や家格，

経済階層によっても教育の内容や質が異なっていたからです。現代においても学校選択制度の導入などの改革が教育水準の格差を拡大しかねないことを危惧する声は少なくありません。

　そもそも，子どもも教師も一人ひとりが異質な価値や文化を背負っていることに目を向けるとするならば，何が「真理」なのか，何が望ましい心のありようなのかもまたその個々人の立場や思想・信条に応じて多様にありうるはずです。その意味において，いかなる教室にも本来，取り替えのきかない教師と生徒との出会いがあるといえるでしょう。

　子どもそれぞれが自らのもつ文化や価値を対象化しつつ，子どもたちが社会の複数の「真理」から何を選び取り，そこに何をつけ加えていくのかといった問題を，教室という公共の場において子どもとともに吟味する存在として教職を再定義することがますます求められているように思われます。そのとき教室における教師と生徒はまた個と個の関係を自覚しうる関係を取り戻すことができるのではないかと思われるのです。

❖読書案内❖

①唐澤富太郎『教師の歴史 ―― 教師の生活と倫理』（唐澤富太郎著作集 5），ぎょうせい，1989 年。
　　教師の歴史を通史的に押さえるのに都合のよい一冊。博学の唐澤富太郎ならではのエピソードが随所にちりばめられている。

②宮本常一『家郷の訓』岩波書店，1984 年（初版 1943 年）。
　　日本における学校教育が成立する中で，人が学び成長するというイメージがいかに大きく変化することになったのか，民俗学者宮本常一は自らの体験とともに描き出している。

③無着成恭『山びこ学校』岩波書店，1995 年（初版 1951 年）。

　教育実践記録の中で最大のベストセラーとなった同書は，戦後初期において学級の実践を通して民主主義を村につくり上げようと努力するさまが克明に描かれている。民主主義は「真理」として与えられるものではなく，異なる価値をすり合わせる中でつくり上げていくものであることを如実に示している。

Column ⑨　ドーデ『最後の授業』の「アメル先生」

　アルフォンス・ドーデ（1840〜97 年）が独仏戦争（1870〜71 年）を題材にして描いた小説の一つ。本書の読者の中にも小学校の国語教科書などで読んだことのある人が多いのではないでしょうか。アルザス地方がドイツによって占領され，明日からフランス語が使えなくなる。そんな状況の中で「フランス語の最後の授業」が行われる。アメル先生は「フランス語が，世界でいちばん美しい，いちばんはっきりした，いちばん力強いことば」であることを切々と説き，鐘が鳴ると「フランスばんざい！」と板書して授業を終えた。主人公のフランツ少年は「ああ，この最後の授業，わたしは一生忘れることがありません」と書き記す。

　思わず涙せずにはいられない名文に知らず知らずのうちに読者の愛国心が高まるという構造になっている。日本では 1936 年に岩波文庫から翻訳が出され，少年読み物としても採用された。また戦後になると多くの教科書に採録されている。田中克彦はこのように日本で広く読まれることになった背景として国語愛を引き出すために格好の素材をこの小説が提供したからであると推測している。田中はもともとアルザス地方はドイツ語文化圏であり，よって「アメル先生は，ドジンのことば*を美しいフランス語にとりかえるための人だったのだ」と述べている。

　翻って考えてみると，日本の国語教師たちも国語の教育を通して，アイヌの人々や沖縄の人々から，彼らの言語と文化を結果的に奪うことになった。だとしたら，私たちはドーデの作品に潜む植民地主

義的主題を日本の国語教育の展開と重ね合わせながら批判的に読む
必要があるといえるだろう。

　*アルザスの土着の人のことばであり，ドイツ語の方言。

（参考文献：田中克彦『ことばと国家』岩波書店，1981 年）

第10章　教師の仕事とジェンダー

▲東京女子師範学校（現お茶の水女子大学）は国によって設置され
た最も歴史ある女性の高等教育機関である。写真は 1936（昭和
11）年東京女子高等師範学校正門。　（所蔵：お茶の水女子大学）

　日本に近代的な学校制度が成立した当初，小学校における女性教師の
割合はわずか 1.5％ に過ぎませんでした。それに対して現在では，小学
校教師の 62.6％，中学校教師の 44.6％ を女性が占めています（令和 5
年度学校基本調査）。男性職として成立した近代的な職業のうちで，学
校の教師ほど女性化（feminization：女性が増加すること，伝統的に女
性のものとされる役割に近づくこと）の進んだ職業はありません。
　教師の仕事は，女性の進出を可能にする特徴をもつと同時に，女性の
進出によって特徴づけられてきました。すなわち教職はジェンダー
（gender：社会的性役割や身体把握など文化によってつくられた性差）
を組み込んで成立してきたといえます。この章では，ジェンダーの観点
から教師の仕事を考察し，教師の仕事のより深い理解をめざしたいと思
います。

◈**本章のキーワード**◈　　性差別，ジェンダー，性別役割分業，家父
長制家族，教職の女性化，母親業，ケア

1 教職におけるジェンダー

　女性にとって学校は働きやすい職場です。とはいえ，女性と男性に異なる仕事を割り当てる性役割や，男性に対して女性を劣位に置く**性差別**が存在していないわけではありません。この節では，教職におけるジェンダーの様相を概観します。

男女平等の基盤
　　　　　まず教職におけるジェンダー平等の基盤を確認しましょう。一つ目は「同一労働同一賃金」の原則によって男女賃金の格差が小さくなっていることです。学校の教師は，基本的には女性も男性も学級担任や教科担任として教育活動に従事します。すなわち性別にかかわらず同一の仕事に従事し，同一の責任を負います。この男女の「同一労働」は古くから教職の希有な特徴でした。1916 年には「女子が男子と同一の仕事に従い同一の責任をもって任ずる点において，教員の職を除いては，今日一つも見出すことができない」（沢柳政太郎「女性に適する職業を選べ」『婦人公論』1916 年 12 月）との指摘が見られます。

　「同一労働」であることは，戦後の早い時期における男女賃金格差の撤廃を可能にしました。1947 年の労働基準法には，同一の労働には同一の賃金を支払わなければならないという「同一労働同一賃金」の原則が定められています。この原則を踏まえ，1948 年の東京都を皮切りに，1953 年までに男女教員の同一賃金は全国的な実現をみることとなりました。ただし平均勤務年数と管理職割合の差異によって，実際の本務教員の平均給与月額には男女差がありま

す。女性教師の給与を 1.00 としたときの男性教師の給与は，小学校で 1.11，中学校と高校では 1.10 となっています（令和元年度学校教員統計調査）。

　二つ目は，「産前・産後休業」と「育児休業」が制度的に保障され，女性の就業の継続が容易になっていることです。女性教師の産前・産後休業の保障は最も早くに実現しました。1947 年に成立した労働基準法では，母性保護のために，6 週間の産前休業と 8 週間の産後休業が定められています。しかし代替教員が配置されず学校の業務に支障が起きる状態にあったため，規定通りに産休を取得することは困難でした。教員組合が条件の整備を求め，1956 年に施行されたのが，公立学校教員の産前・産後休業に代替人員を補充することを定めた「産休補助教員設置法」です。

　教職は育児休業の制度化についても先駆的でした。日本ではじめて成立した育児休業法は，1975 年の「義務教育諸学校等の女子教育職員及び医療施設，社会福祉施設等の看護婦，保母等の育児休業に関する法律」です。この法律によって，女性教師は産後 1 年間の育児休業の取得を保障されることとなりました。ちなみに民間事業所の労働者に 1 年間の育休が認められたのは，1992 年の「育児休業等に関する法律」によってです。教員，保母，看護婦の育休が早期に成立したのは，これらの専門職に就く女性が育児をするために中途退職すること，あるいは育児をしながら仕事に従事することが，国の教育や医療にとってマイナスであると判断されたからでした（横山［2002］）。現在は，「国家公務員の育児休業等に関する法律」および「地方公務員の育児休業等に関する法律」によって，教師を含む国家公務員と地方公務員には，男女を問わず子どもが 3 歳に達する日までの育児休業が保障されています。また 2011 年からは非

常勤の教職員についても，最長で子どもが1歳6カ月に達する日までの育児休業が認められています。

　近年は，少子化が大きな社会問題となり，男性の育休取得が促される中で，男性教員の育児休業等の取得率が高まりつつあります。新たに育児休業を取得可能となった公立学校（小学校，中学校，義務教育学校，高等学校，中等教育学校，特別支援学校）の男性教員のうち，実際に取得した者の割合は，2018年度は2.8％でしたが，21年度には9.3％となっています。なお，女性教員の場合はいずれも97％前後が育児休業を取得しており，取得率の男女差は歴然としています（令和3年度人事行政状況調査）。

少ない女性管理職　学校が女性にとって一定の平等と権利が保障された職場であることは確かですが，性役割や性差別が存在しないわけではありません。いまだ顕著なのは管理職です。2023年度の女性校長の割合は小学校26.7％，中学校・義務教育学校11.2％，高等学校・中等教育学校が10.6％です。2018年度の割合がそれぞれ19.6％，6.7％，7.7％だったことを鑑みるならば高まりつつあるといえます。管理職全体（校長・副校長・教頭）に占める女性の割合も，2018年度から22年度の5年間で高まっています（図10-1）。しかし，教師全体における女性の割合に比して管理職における女性の割合が低いという状況はいまだ顕著です。

　この数値は国際的に比較すると，その異様さが浮き彫りになります。48カ国・地域が参加したOECD国際教員指導環境調査（TALIS 2018）によれば，中学校および中等教育学校前期課程における女性管理職の割合は日本が7.0％であるのに対して調査国平均は48.9％です。トルコは7.2％と日本と並んで低い数値ですが，それに次い

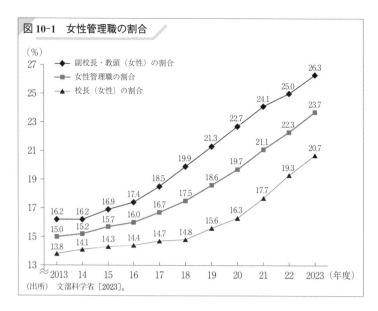

図 10-1　女性管理職の割合

(%)

- ◆ 副校長・教頭（女性）の割合
- ■ 女性管理職の割合
- ▲ 校長（女性）の割合

副校長・教頭（女性）の割合：16.2　16.2　16.9　17.4　18.5　19.9　21.3　22.7　24.1　25.0　26.3

女性管理職の割合：15.0　15.2　15.7　16.0　16.7　17.5　18.6　19.7　21.1　22.3　23.7

校長（女性）の割合：13.8　14.1　14.3　14.4　14.7　14.8　15.6　16.3　17.7　19.3　20.7

2013　14　15　16　17　18　19　20　21　22　2023（年度）

（出所）　文部科学省［2023］。

で低い南アフリカや韓国は 20% 前後であり，日本の女性管理職割合の低さは国際的に突出しています（OECD［2019］）。

　なぜ女性管理職が少ないのかということについては，女性の家庭責任によって説明されてきました。女性は家庭の家事や育児を担っているため，責任の重い管理職には向かない，あるいはなりたがらないという論理です。現在も女性が家事や育児の主要な担い手となっているのは事実です。しかし，女性管理職の少なさの原因を家庭責任に求めるだけでは問題の認識として不十分でしょう。着目すべきは学校管理職における女性の割合には，都道府県ごとに大きな差異が見られる事実です。小学校校長の場合，女性割合の最も高い石川が 55.2%，最も低い長崎は 9.7% です。中学校義務教育学校校長では，最も高い神奈川は 27.6% ですが，最も低い熊本は 3.5% です（令和 5 年度学校基本調査）。このような数値の開きは，都道府県ごと

の管理職登用の制度や習慣，教師文化の違いが女性教師のキャリアに影響を与えていることを示唆しています（杉山ほか［2005］；河野・村松編［2011］）。

　また，女性管理職が少ないことを問題にし，その割合が男性並みに高まることをめざすという考え方の危うさにも注意しなければなりません。第一に，家庭責任を免除された男性のキャリアを標準にするのではなく，むしろ育児や介護を担ってきた女性のキャリアを標準とし，男女ともに家庭生活と両立可能な管理職のキャリアを構築する必要があります。第二に，学校の管理運営方法が，支配と統率に依拠する男性モデルで構築されてきたという問題があります。それに対して，女性管理職の特徴とされる，協力的で協調的な学校運営の価値が評価されねばなりません。第三に，管理職をめざすというキャリア自体に，男性文化としての出世志向が含まれています。管理職に就かず学級担任や教科担任であり続ける職業経歴の選択を，職業意識の低さや責任逃れとしてではなく，異なる教職業達成として認識する必要があります（河上［2001］）。とはいえ，女性管理職割合のあまりにも極端な低さは，やはり女性が活躍しづらい状況にあることを示唆しています。

性による役割分担　教師に関する統計は，基本的には男女が「同一労働」である学校にも，性によるゆるやかな役割分担が存在することを示唆しています。まず女性教師がより年齢の低い子どもの教育を担当する傾向は明白です。全教師のうち女性の占める割合は，学校の階梯が上がるほど小さくなります。2023年度の調査によれば，小学校では教師の62.6％が女性ですが，中学校では44.6％，高等学校では33.4％となっています。

表 10-1　各学年の担任における男女の比率（％）

		第1学年	第2学年	第3学年	第4学年	第5学年	第6学年
2019（令和元）年度	男	16	27.5	38	42.3	49.5	54.6
	女	84	72.5	62	57.8	50.5	45.4

（注）　令和元年度の学校教員統計調査より，男女教師における各学年の学級担任の比率を各学年の学級担任における男女の比率に換算し直して作成した。

ちなみに幼稚園の教師は93.4％を女性が占めています（令和5年度学校基本調査）。この数値は，近年，ほとんど変化していません。

　小学校の中でも女性教師は幼い子どもを担当する傾向にあります。1年生の担任は84.0％が女性ですが，学年が上がるにしたがって女性の割合が下がり，6年生の担任になると45.4％となります（表10-1）。このような学年配置のジェンダー不均衡は，データをさかのぼることのできる1977年から一貫して見られます。

　女性教師が低年齢の子どもを担当する傾向にあるのは，女性は低学年向きである，あるいは高学年に向かないという固定観念が存在しているからだとされてきました。後述のように，歴史的に低学年教育が女性の仕事とされてきたのは事実です。しかし実際には，ジェンダーがより複雑に機能して学年配置を形成しています。学年配置は個々の教師の希望をきいた上で，学校の事情を考慮して校長が決定しています。子育てや介護に従事する女性教師はしばしば低学年を希望します。本人が希望しなくても配慮によって配置されることもあります。授業時数と行事が少ない低学年担任は，女性教師が仕事と家庭責任を両立しうる役割として機能しています。また男性教師は，高学年に配置される際に，しばしば荒れた学級の立て直しを依頼されています。すなわち男性教師には，学級の規律化という役割が配分されています。学年配置のジェンダー不均衡の背景には，

女性が家庭責任を担う**性別役割分業**，家庭責任と両立が困難なほどの高学年担任の多忙，規律化に重点を置いた学校経営があります（黒田ほか［2010］；船山ほか［2013］；浅井ほか［2016］）。

中学校や高校では担当教科にジェンダー不均衡が見られます。女性教師は国語と英語を担当する割合が高く，男性教師は社会，数学，理科を担当する割合が高くなっています。とりわけ男女の差が顕著なのは高校の家庭科です。女性教師の9.6％が家庭科を担当しているのに対し男性教師は0.3％に過ぎません（令和元年度学校教員統計調査）。教科担任の性別の偏りは，女は文系，男は理系といった固定観念を再生産する可能性が危惧されます。なかでも家庭科教師の場合は，女性が家庭責任を担うという性別役割分業を強化するおそれがあります。逆に男性の家庭科教師には，社会のジェンダー構造を変革する役割が期待されています（堀内［2001］）。

なお，教師の離職の理由にも性差が顕著に現れています。小学校教師の離職者のうち最も多いのは「定年のため」で，女性の離職者の48.3％，男性の56.7％を占めています。女性に多いのは「家庭の事情のため」の離職で19.0％を占めているのに対し，男性は4.0％となっています。逆に「転職のため」の離職は，男性では19.7％を占めているのに対し，女性では10.7％です（令和4年度学校教員統計調査）。定年以外で教職を辞めた後，就労するのか家庭で育児介護等に従事するのかという違いが示唆されています。

2 歴史の中の女性教師

1872年の学制発布以降，義務教育に従事する教師のうち女性の

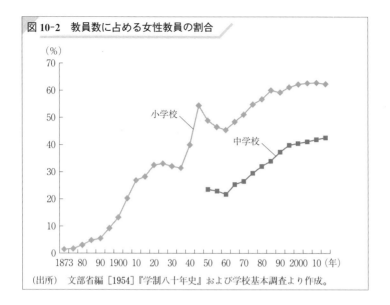

図 10-2　教員数に占める女性教員の割合

(出所)　文部省編［1954］『学制八十年史』および学校基本調査より作成。

占める割合はほぼ一貫して拡大してきました（図10-2）。その経緯は**家父長制**（男性の女性に対する支配を可能にする権力関係の総体）の**家族**の歴史との関係によって特徴づけられています。男性は外で賃金労働に従事し，女性は家で家事育児に携わるという近代家族の性別役割分業は，一方で**教職の女性化**を推進する論理として，他方では阻害する論理として機能しつつ教職を特徴づけてきました。この節では，ジェンダーが教師の仕事に組み込まれる歴史的な過程を検討します（浅井［2005］；浅井ほか［2011］）。

女性教師養成の不振　明治のはじめに近代的な学校制度が成立した当初，小学校教師は男性の職業でした。学制発布の翌1873年の女性教師の割合はわずか1.5％です。その後次第に増加していきますが女性教師が圧倒的に少数である状況は

変わらず，5 年後の 1878 年になっても 3.0% を占めていたに過ぎません。女性教師の割合が 10% を超えるのは 1896 年以降のことです。

　女性が小学校教師にふさわしいとする議論は，近代学校が成立した当初から存在していました。日本の教育政策の決定に大きな影響を与えた「お雇い外国人」のデイビッド・マレーは，1873 年に「夫レ女子ハ児童ヲ遇スルニ其情愛忍耐アルコト男子ニ優レリ。且能ク児童ノ情ヲ酌ミ，及児童ヲ扶養スルニ至テハ，男子ヨリ能ク之フ熟知セリ」と述べ，女性教師の養成の推進を訴えています。子どもを愛し理解し世話するということについては，男性よりも女性のほうが優れているがゆえに，女性こそ教師にふさわしいという主張です。文部大臣の森有礼は，1887 年に「女子ハ男子ト異ニシテ子ヲ産ムトキハ直チニ天然ノ教員ニシテ家庭ノ教育ハ全ク慈母一人ノ手ニアリ」と述べています。「慈母」であることを「教員」であることに重ね合わせ，女性は生まれながらの教師であるとする主張です。彼らの主張は米国における女性教師の増加を共通の土台としています。マレーの母国であり森の留学先でもある米国の小学校では，19 世紀の半ばから急激な教職の女性化が進行し，1870 年には女性教師がすでに 60% 以上を占めていました。

　政府は女性教師を養成するために女子師範学校を設置します。東京女子師範学校（現お茶の水女子大学）は 1875 年に設立されました（第 10 章扉写真も参照）。石川県，鹿児島県，愛媛県等にも早くに女子師範が設置され，師範学校における女子生徒の割合は 1878 年に 10% を超えます。しかし，中退者が多く，卒業しても教師として採用されなかったため，1880 年代後半から 1890 年代にかけて女子師範の廃校や縮小が相次ぐこととなりました（中内ほか編 [1974]）。女性教師が増加しなかった理由の一つとして，女子の就学率の伸び

悩みを挙げることができます。1873年の男子の小学校就学率約40％に対して女子は約15％に過ぎません。女子の就学率が男子の半分に満たない状況は1890年頃まで続きます。女子教育の不振が女性教師の需要と供給の双方を抑制していたのです。

加えて、マレーや森の女性教師の雇用推進の主張は、近代家族の成立を前提としていました。女性こそ教師であるという主張は、夫が外で働き妻が家庭で家事育児を行う近代家族の性役割にのっとっています。しかし、日本において近代家族のイメージが成立したのは、1890年代の中産階級においてです。母子関係を中核とし、情緒的な結びつきによって特徴づけられる家族そのものが、いまだ成立していなかったのです。

女性教師の増加と「女教員問題」

女性教師は1900年前後から急増します。小学校における女性教師の割合は、1905年に20％を超え、1910年には25％以上を占めるにいたりました。女子の就学率は1905年に90％を超えます。男女別学の規定（1900年）もあり、女子教育の担い手としての女性教師が必要とされました。また女性教師の雇用には、教師不足と教育費問題の解決が託されていました。就学率の上昇と義務教育年限の延長（1907年）に対応して教員数を増やし、しかも教育費の増加を抑えるために、低賃金の女性を採用する方針が採られたのです。ちなみに、日清戦争、日露戦争を経た産業の発展によって、男性にとって教職の社会的地位は低下傾向にありました。

女性教師の急増は1910年代の教育界の大きな話題となっています。「女教員問題」と総称されるその一連の議論は、まさに「女教員」を「問題」として扱った点に特徴がありました。文部省や教育

学者，教育ジャーナリストは，小学校における女性教師の増加を国民教育の危機として受け止め，女性教師は何割までなら許容できるか，女性教師の役割は何かを問いました。その過程で女性教師の長所と短所がしきりに論じられ，女性教師にふさわしい仕事が確定されていくことになります。教職のジェンダーの基本的なかたちはこの時期に形成されました。

　重要なのは，女性教師をめぐる議論のほとんどが，女性の家庭における主婦役割や母役割を参照している事実です。帝国教育会による「女教員問題に関する調査」（『帝国教育』，1916 年）には，その特徴が典型的に現れています。この調査は小学校における女性教師の理想的な割合を「二分の一」とし，その根拠を「父母」が補い合う「家庭教育」の形態に求めていました。学校における女性教師の性役割は，この学校を家庭にたとえ，教師を親にたとえる比喩に即して構築されます。家庭の育児に近接する低学年の教育や，将来主婦たるべき女子生徒の教育が割り振られ，高学年の男子を担任する可能性は否定されることとなりました。

　しかし教師の仕事と主婦の仕事は容易には重なりませんでした。女子師範学校教諭の後藤静香は，『女教員の真相及其本領』（1917 年）において，女性教師が「男子と同様の教員であれ」「女子であれ」という「二重の注文」の板ばさみになっていると指摘しています。その状況に同情した彼が提唱したのは，「女子であれ」という「注文」に絞り込むことでした。学校で女性が担うべき仕事として提示されているのは，掛図の繕い，テーブル掛けのアイロンがけ，客の接待等を含む「学校の主婦としての本領」と，子どもの散髪，爪きり，衣服の洗濯等を含む「児童の母としての本領」です。雑用と世話ばかりで，授業を通した子どもの知的な育成は期待されてい

ません。ここには「女子であれ」との「注文」の差別的な特徴が鮮明に現れています。

　女性教師は「女教員問題」の喧騒のかたわらでさらに増加し，1920年には小学校教師の3分の1を占めるにいたります。

女性教師にとっての「女教員問題」

1910年代に構築された女性教師のジェンダーは複雑です。女性教師は男性教師に比べて劣っているとみなされ，その能力や資質を向上させることが要請されていました。同時に女性教師には，学校で主婦のように雑用をこなし，母親のように子どもを愛し世話することが求められていました。女性教師は学校の教育と家庭の養育の狭間に位置づけられたのです。女性教師に対する具体的な要求は，論者が何を強調するかによって異なり，互いに矛盾してさえいました。女性教師の華美を問題視する者がいる一方で，白粉をつけない女性教師に女性性の喪失を見出して嘆く者がいます。感情に溺れがちだと批判する者がいる一方で，人間らしい感情を失っていると批判する者がいます。主体性の欠如が欠点とされる一方で，命令に服する従順さは長所とされています。

　このような矛盾する要請を，女性教師自身はどのように経験したのでしょうか。東京府女子師範学校同窓会研究部は，帝国教育会の調査が男性のみの意見によっている点を批判し，1年後に独自の調査結果「女教員問題の研究」（1917年）を発表しています。その主張の特徴は「男子と相並んで教職に従事する以上は同等の教員なり」という言葉に端的です。彼女たちは女性であることよりも教師であることを望み，劣った教師という位置づけを一旦は引き受けつつも，「修養」を通して「常に社会国家が信頼して国民教育を一任

するに足るべき者」になろうとしていました。ただし彼女たちが「女性であれ」という要請から完全に自由だったわけではありません。もう一方で彼女たちは，子どもを愛することを女性である自らの「天性」として認識していました。

　興味深いのは，女性教師と家庭的なものを結びつける固定観念が，女性教師に対する明白な性差別や抑圧でありながらも，教育を変える可能性をはらんでいた事実です。学校を家庭にたとえ，教師を母親にたとえる比喩の登場は，既存の学校文化を問い直す契機でもありました。その可能性を体現した女性教師の一人に，1920年代に奈良女子高等師範学校附属小学校に勤務した池田小菊がいます。彼女は「教室の家庭化」という言葉を掲げて教育の改革を主張しました。彼女が「家庭化」という言葉で表現したのは，自然な親密さを特徴とする人間関係や，落ち着きと明るさを備えた雰囲気の実現です。創造的な学習を実現するためには，教師と子どもがくつろげる空間やいいたいことのいえる関係が必要だと考えたからでした。

女性教師の定着　1920年代以降，小学校における女性教師の割合は約3分の1のまま横ばい状態になります。それが再び増加に転じるのは1930年代後半のことです。とりわけ1935年から1940年の5年間には，31％から40％へと飛躍的な増大が見られます。男性たちが軍隊や戦時産業へと動員される中，教師不足を埋めるために，教員免許をもたない若い女性が代用教員として採用されたからでした。戦争の末期には女性教師の割合がさらに増加し，敗戦をむかえた1945年には，実に小学校教師の54.2％を女性が占めるにいたります。男性教師は次々に兵隊として召集され，当時の学校には老人と病人しか残っていなかったと

いいます。

　その後1959年に44.9％で底を打つまで女性教師の割合は減少傾向にあります。ここで注意したいのは，約14年にわたる減少期間の前半と後半で，その意味合いが異なっている点です。前半の減少をもたらしたのは，戦地からの男性たちの帰還でした。この時期には，アメリカ占領軍の男女平等政策のもとで，学校における女性教師の地位の向上が図られています。全国的に女性校長が誕生し，文部省の委員にも女性の参加が義務づけられることとなりました。

　それに対して後半の減少は女性教師の排除を表現しています。各県で教育予算削減のための人員整理が企図され，既婚の女性教師に対する強圧的な辞職勧告が行われました。経験を積んだ女性教師が退職を余儀なくされる状況で，占領時に誕生した女性校長も後が続きませんでした。1950年代半ばは「家族の戦後体制」が成立し，男性が外で働いて賃金を得る，女性が家で主婦として家事育児を担うという家庭のかたちが大衆化した時期です。既婚の女性教師が教育費削減のターゲットになったのは，家計を担っていないとみなされたからでした（*Column* ⑩ 参照）。

　ところで，1940年代から50年代に出版された教師の実践記録には，平野婦美子『女教師の記録』（1940年），小瀧操子『愛の女教師』（1940年），四谷静江『女教師の教室記録』（1951年），山田とき『路ひとすじ』（1952年）など女性教師によるものが多く含まれています。彼女たちの叙述を1920年代の女性教師の叙述と比べると，自らの性別への言及があまりありません。女性教師の増加は，確かに，彼女たちが性を過剰に意識することなく働くことのできる状況をつくりだしていました。

　しかしもう一方では，1910年代に編成された女性教師のジェン

ダーの定着が見出せます。とりわけ広く読まれた平野婦美子の『女教師の記録』を見てみましょう。平野が3つの小学校で担任しているのは、いずれも低学年か女子の教室です。また彼女は、爪きりや虱とりといった母親のような子どもの世話を積極的に行っています。そして彼女自身、初任期に女子師範の恩師にあてた手紙で、自らを教室の子どもの「母親」にたとえる比喩を用いています。

　ただし平野婦美子の仕事の意義は、女性教師に期待された役割の遂行をはるかに超えています。彼女が行った爪きりや虱とりは、まず具体的な子どもの状況に目と耳を向け、その子どもたちにとって必要なことを判断し働きかけるという応答の過程で成立しています。事実、経済的文化的に恵まれている半面で、人間関係が切断されていた都市部の学校では、爪きりや虱とりではなく、手紙、日記、学級新聞、学校間通信の活動を通して子どもと子どもをつなぐ対話的な言葉の教育が実践の柱となっていました。彼女の仕事は戦前の生活綴方を代表する教育実践の一つになっています。

「女教師問題」と脱性別化

　小学校における女性教師の割合は1959年を境に再び増加に転じ、1970年には50％を超えます。女性の高学歴化が進んだにもかかわらず、いまだ女性に開かれた職場が少ない状況の中で、学校は大卒女性にとって主要な就職先になっていました。1960年には大卒の就労女性のうち半数以上が、1980年にも4分の1が教職に就いています。それに対して大卒男性には、高度経済成長期の産業の発展を背景に、より多くの賃金を得ることのできる多様な職場が準備されていました。着目したいのは、この1970年前後に女性教師の女性性が語られなくなる事実です。女性教師には、女性性の発

揮ではなく男性と同じように「教師」であることが求められ，本人たちも「教師」であることを志向するようになります。

1950年代から60年代前半の女性教師は，補助的な役割を担う女性教師像からの脱却をめざしつつも，自らの女性性の発揮については肯定的にとらえていました。品角小文ら4人の女性教師によって記された『女教師』（三一書房，1958年）を参照しましょう。彼女たちは，お茶くみをする，男性教師に頼る，発言を控えるといった女性教師のあり方を批判し，独立した人格と高い職業意識をもった女性教師像を打ち出しています。しかしもう一方で彼女たちは，「なごやかな場の形成者」であることや，「母性的な愛情と繊細な思いやり」などの「女性の特性」の発揮については積極的に称揚しています。低学年に繰り返し配置されることについても，それは女性教師の能力が低いからではなく，「母性的な愛情や，繊細にして，情緒的な面が，幼年向きだから」であると誇らしげに述べています。ここでは女性が女性的な特性を有しているという前提の上で，その特性を生かすことに教育的な意義が付与されています。

ところが1970年代の「女教師問題」の議論では明確に転換が起きています。この時期には，新採用の小学校教師の80％を女性が占める中で，1910年代と同様に，女性教師の増加が小学校教育の危機として喧伝されます。批判の多くは，女性教師は「職業意識が薄い」というステレオタイプに基づくものでした。しかし1910年代とは異なり，1970年代の議論では，女性教師に女性的な役割を配分する主張はあまり見られませんでした。展開されたのはむしろ，労働条件が整えば女性教師も男性教師と同等の十全たる教師でありえるとの論理です。

中学校教師の駒野陽子による『女教師だけを責めないで！』（読

売新聞社，1976年）を参照しましょう。駒野は「やっぱり女の先生はイヤ」という母親の声を議論の出発点としています。その声に対して彼女は，まず女性教師の労働条件を改善し，十分に働ける環境を整えることが必要だと主張しています。同時に「これだけ女教師が多くなれば，『女だから』ではなく，『個人として，教師として』の自己主張なしにはやっていかれない」と述べ，「女」よりも「個人」「教師」であることを選択しています。同じ頃に女性教師の歴史を描いた『女教師の生き方』（中内ほか編［1974]）も，女性教師の望ましい姿を「教師」として表現しました。「『女であること』に自己を埋没させ，いわゆる『女らしく』という生き方に安住していく」というあり方と，「自己の主体性を『生かさぬよう，殺さぬよう』に自己規制していく」というあり方を否定し，「『女であること』を考えずに，『当り前の一人の教師』として，自分の考えたところを実行していく」というあり方を肯定しています。

　明治期から一貫して女性教師に女性としての役割や特性が期待されてきたことを考えるならば，1970年代の教職の脱性別化は大きな転換でした。この転換の意義は3つの側面から考える必要があります。第一にその転換は，教職におけるジェンダー平等の一定の実現を意味しています。女性教師の特性の語りは，それ自体，女性教師への差別や偏見を助長し性別役割分担を構成するものとして機能していました。ただし男女教師の性別役割分担が積極的に主張されなくなったことは，必ずしもそれがなくなったことを意味しませんでした。第二に教職の脱性別化は，存在している性差別や性別役割分担を不可視にした面もあります。実際に女性管理職の少なさや女性教師の低学年配置は，しばしば教師たち自身によって，性別とは無関係な「個人」の希望や特性の問題として認識されています。そ

して第三に，教職の脱性別化は実質的には女性教師の男性化でした。労働条件が整えば女性教師も男性と同等の教師であるという議論は，男性教師を標準としています。ここから抜け落ちたのは，女性教師に期待されてきた女性的な役割は，教育においてどのような意味をもっていたのか，またもっているのかという問いです。次節では，異なる側面からその問いを考えてみましょう。

3　教師の仕事と母親業

　女性教師であることと母親であることの関係には，矛盾する二つの側面があります。一つは教職と**母親業**の両立の困難，もう一つは教職と母親業のイメージの重なりです。ここでは，その事実が内包している問題と可能性についてさらに考えましょう。

教師にとっての子育て

　出産や育児といった母の仕事と学校における教師の仕事の両立を，女性教師は負の側面と正の側面をもつ両義的なものとして経験しています。一方で女性教師は，子育てと教師の仕事を両立することに困難を感じています。その困難は教職の継続を悩ませるほどに大きなものです。山崎準二が行った教師のライフコース研究によれば，「最近の教職生活の中で『教師をやめたい』と思ったことがあるか」という問いに「ある」と回答しているのは，男性の 27.5％ に対して女性は 59.5％，女性が男性の実に倍以上です。しかも「やめたい」と思う理由のうち女性に特徴的なのは「家庭の諸条件」で，この理由を挙げる割合は小学生以下の子どもをもつ年齢層で高くなっています（山崎

［2002］）。しかし同時に，子育てを通して教師として成長したという語りがとりわけ女性教師に多く見られることも報告されています。育児経験を通した変化の一つ目は，子どもへのまなざしの変化です。「問題行動をピンチととらえるのではなくチャンスと受けとめるゆとりが持てるようになった」といった言葉で，子ども理解の深まりや寛容な関わりが表現されています。二つ目は保護者との関係の変化です。「親から親しみや共感・悩みを受け，理解し合えるようになった」というように，保護者との共感的な関係の構築が可能になっています（山﨑［2012］）。

　教師の仕事においては，子育てが就労を困難にする条件から成長を可能にする特権的な経験へと反転する側面が確かにあるようです。女性教師たちの言葉が示しているように，その反転は，自分の子どもと教室の子ども，家庭の養育と学校の教育を重ね合わせることによって可能になっています。しかし家庭と学校は，子どもと大人が関わるという共通点をもちながらも，明白に異なる人間関係を構成しています。母子関係が一対一を基本とするのに対して，通常の場合，学校では一人の教師が大勢の子どもと関わる形態をとっています。また，母親は比較的長期にわたって特定の子どもと関わりますが，教師は1年ないしは2年ごとに交代するのが一般的です。学校と家庭が異なる社会的な機能を果たしているとするならば，子育ての経験によって教師として成長するという認識をどのようにとらえることができるでしょうか。

米国における教育の女性化

養育と教育の関係をより深く考察するために，19世紀半ばという非常に早い時期に教職の女性化を経験した米国の事例を参照

しましょう。現在，米国の小学校では教師の90％以上を女性が占めています。しかし米国においても教職はかつて男性職でした。教職の女性化が急激に進んだのは，無償の公立学校の設置を推進した19世紀前半のコモンスクール運動においてです。日本と同様に，予算確保のために給料の安い女性の雇用が促進されることとなりました。

　ここで着目したいのは，女性教師を雇用する際に機能した論理です。コモンスクールの運動の最大のリーダーであるホレス・マンは，学校における教師の仕事と家庭における女性の仕事を重ね合わせることによって，女性は教師としての適性があると主張しました。ここでは自己犠牲的な「母性」が女性の本性とみなされるとともに，教師に必要な特質として表現されることになりました。さらに19世紀後半になって，子どもに対する共感的で支援的な母親業（マザリング）が，その性別にかかわらず教師の仕事として要請されるようになります。いわば教師の仕事が母親業の拡張として特徴づけられたのです。ここには二つの問題が指摘されています。一つは19世紀における女性に差別的な性別役割分業が教職に刻印されている点です。もう一つは，その教育が道徳主義，反知性主義に陥っている点です（Sugg & Redding［1978］）。

　しかしここで問題なのは，教師の仕事が「母性」に依拠してつくられた事実だけではありません。さらに問われなければならないのは，教職の女性化の過程で機能した「母性」とは何だったのかということです。フェミニズム教育学者のグルメットは，コモンスクール運動における教職の女性化の質を問い直し，教師の仕事には「母親の経験」は実は導入されていないと指摘しています。19世紀の公立学校に導入されたのは，女性に自己犠牲を要求し，家父長制と

矛盾することのない「母性のカルト」でした。母子関係を特徴づけている親密さや力強さやかけがえのなさ，あるいは家庭の雰囲気といったものは，そこからは削ぎ落とされていました。しかも女性教師に課されているのは，女性的とされる家庭世界から男性的とされる公的世界へと子どもを引き渡す仕事です。教職が「女性職」となったにもかかわらず，女性教師は自らの女性としての経験から疎外されるという矛盾と葛藤を抱えているといいます（Grumet［1988］）。

　グルメットは「『女性職』としての烙印を押された教育は，私たちによって女性の仕事へと再生され変容されることを待ち望みながら眠りについている」と述べています。この言葉は，これまでとは異なるかたち，「母親の経験」が導入されるかたちで，教育が女性化されることを望んでいるかのように響きます。ここにはどのような意味が込められているのでしょうか。

　子どもを育てながらカリキュラム研究を始めたグルメットは，公的な活動と男性的な関心のみが現代の教育の源泉となっていることに気づいて驚愕したといいます。そこでは家庭における女性の経験，出産や養育といった生命の再生産の経験が沈黙させられていました。そして教育の意味は，産業社会の生産活動に従事する労働者の形成に限定されてとらえられていました。しかし彼女が模索しているのは，単に女性の関心によってカリキュラムを構成することではありません。生産の論理で構成された学校は，子どもを私的領域である家庭から連れ出し，公的領域であるオフィスや工場へと送り込む「通り道」となっています。そのことによって学校は，再生産を生産に，私的なものを公的なものに，女性を男性に従属させるジェンダーを繰り返し生み出す場となっています。必要なのはその関係を編み直すことです。グルメットが模索したのは，学校に親密さを導

入すること，女性教師の経験を他者の子どもの**ケア**として定位すること，教師と親が「私たちの子どもたち」を育む者として連帯することによって，子どもたちの選別，階層化，分類を正当化するメリトクラシーや暴力性を帯びた利己主義を克服する方途でした。

家庭の養育と学校の教育

フェミニズム教育学では，ほかにも女性の経験，とりわけ家庭での子どもの養育経験を参照することを通して学校教育を再検討する試みが行われています。ノディングズの提起するケアリングの教育もその一つです。ノディングズによる「ケアの倫理」は，既存の倫理学が「父の言語」によって議論され，「母の声」が沈黙させられてきたという指摘を出発点としています。ケアを求める子どもに母が応答し，その母の応答に子どもが応答するという応答的で互恵的な母子関係が，「ケアの倫理」の根源的なイメージです（Noddings [1984]）。ケアの倫理を学校教育へと導入することは，教師が子どもの存在を受け止めること，子どもに応答することを要請するばかりではありません。専門ごとに分化した学校の制度や組織を再統合することや，「教科への忠誠」ではなく「子どもへの誠実」に教師の仕事の専門性を求めることなど多様な変革が求められます。カリキュラムも再編が必要です。「ケアの中心」によるカリキュラムは，子どもたちの「幸福」に基盤を置き，「自己へのケア」「親密な他者へのケア」「見知らぬ人や遠くにいる人へのケア」「動物，植物や自然環境へのケア」「人工物へのケア」「観念へのケア」の6領域で構成されています。自分とは切り離された知識を学ぶ従来の教育に対して，人々の日常的な生活世界を支えるケアリングの教育が構想されているのです（Noddings [1992]）。

学校における子どものケアの実現は，近代的な家族と家庭の機能不全が明白となった近年において，より急を要する課題として浮上してきています。マーティンによる「スクールホーム」の構想は，親の離婚や貧困によって必要な世話や愛情を受けられない，あるいは銃，暴力，ドラッグによって生の危機にさらされるといった現代の子どもをめぐる悲劇的な状況を出発点としています。父ばかりか母までも産業へと動員されてしまった今の家庭に，かつてのような教育的な機能を期待することはできません。この事実を受けた思考実験の試みが，学校が「家庭の道徳的な等価物」になるという「スクールホーム」の構想です。マーティンはモンテッソーリの「子どもの家」にアイデアを得ながら，子どもに安全と安心を与え，家族的な愛着の雰囲気をもち，カリキュラムに‘Cs’——ケア（care），関心（concern），つながり（connection）——を組み込んだスクールホームのビジョンを描き出しています（Martin [1992]）。

　必要なケアを受けていない子どもは日本でも増加しつつあります。それに対して母性を賛美し女性を再び家庭に押し込め，ケア役割を果たさせようとすることは，無意味であり有害です。家父長制の家族，男性による女性の支配の上に成り立っていた家庭が解体するのは必然です。しかし，女性が家庭で担ってきたケアと再生産の役割の重要性は明白です。子どもにとって，かけがえのない存在として大切にされること，信頼関係の中で安心して育つことは必要なのです。ノディングズとマーティンの構想は，単に学校にケアの関係を成立させようとしているだけではありません。女性だけがケア役割を担ってきた歴史に対して，女性と男性の双方をケアする者へと育てようとするものとなっています。それは新たな学校への試みであると同時に，新たな家庭，新たな男女関係，新たなライフスタイル，

新たな社会への試みでもあります。

　自分の子どもを養育することと教室の子どもを教育することを重ね合わせてきた女性教師たちは，意識せずともケアと教育を結び合わせる道筋を探ってきたといえるでしょう。その過程で彼女たちが経験した葛藤には，学校教育と社会を変革する可能性がはらまれています。

❖読 書 案 内❖

①浅井幸子・黒田友紀・杉山二季・玉城久美子・柴田万里子・望月一枝編著『教師の声を聴く——教職のジェンダー研究からフェミニズム教育学へ』学文社，2016 年。
　　男女教師へのライフヒストリーインタビューをもとに，教職がどのようにジェンダー化されているかを分析している。日本の女性教師の歴史を描いた研究も収録されている。

②寺町晋哉『〈教師の人生〉と向き合うジェンダー教育実践』晃洋書房，2021 年。
　　教育の過程におけるジェンダーの再生産の問題に，「教師の人生」という観点から迫る本。ジェンダー教育実践の可能性を考えるヒントが得られる。

③ジェーン・R・マーティン著／生田久美子監訳『スクールホーム——〈ケア〉する学校』東京大学出版会，2007 年。
　　家庭と家庭性に関することの学校からの排除が，家庭と家庭性には価値がないとするヒドゥンカリキュラムを構成し，子どもたちの苦境を生み出しているのではないか。本書はその問題に「スクールホーム」の構想という思考実験を通して取り組んでいる。

Column ⑩ 『人間の壁』の「尾崎（志野田）ふみ子」 ∽∽∽∽∽∽

　各地で教育費削減が行われた 1950 年代後半，多くの女性教師が
退職を迫られ実際に学校を去りました。とりわけ既婚の女性教師に
とって，自らが女性であること，女性教師が男性教師よりも劣位に
置かれていることを強烈に意識させられる時代でした。『朝日新聞』
に連載され映画化されたベストセラー『人間の壁』（1957-59 年）
には，その様相が生々しく描き出されています。小説は小学校女性
教師のふみ子先生と須藤先生が退職勧告を受ける場面から始まりま
す。夫が教師で生活に困らないことを理由に退職を迫られ，家庭を
めぐる不穏な噂さえばらまかれながらも，ふみ子は教員組合に支え
られて勧告をはねつけます。ふみ子が教師を辞めない理由は二つあ
ります。一つは離婚を考えているから，もう一つは教室の子どもと
のかかわりを断ちがたいからです。彼女の葛藤と模索の過程の描写
には，女性教師が仕事を続けることの困難と，その困難にもかかわ
らず仕事を続けたいと願わせる教職の魅力が存分に現れています。

　ところで，教員組合の婦人部の活動にかかわるようになったふみ
子は，ある女性教師が作成した「女教師べからず集」を目にします。
それは次のような内容でした。「女教師は男教師と議論するべから
ず。酒たばこをのむべからず。町の飲食店にはいるべからず。口紅
を濃く塗るべからず。医者へ行くべからず。（うわさを立てられる
から……）男教師と道を歩くべからず。映画館にはいるべからず。
結婚すべからず。（退職勧告がくる……）。子を産むべからず。
……」。著者の石川達三は『人間の壁』を記すにあたって綿密な取
材を行ったといいます。彼はその過程で類似したものを実際に見聞
きしたのではないでしょうか。ともあれこの「女教師べからず集」
は，当時の女性教師にとって，男性と対等にふるまうことも，セク
シュアリティを感じさせることも，家庭をもつことさえも批判的な
視線を向けられるような危うい行為だったことを伝えています。

　（参考文献：石川達三『人間の壁』〔上・中・下〕岩波現代文庫，2001 年）

∽∽∽∽∽∽∽∽∽∽∽∽∽∽∽∽∽∽∽∽∽∽∽∽∽∽∽∽∽∽∽∽

第11章　教育改革と教師の未来

（写真提供：右，東京都港区立芝小学校，左，大分県立国東高等学校）

　　これまで公教育制度は，国民国家の統合と産業主義社会の進展を促進する目的のために中央政府による管理と統制によって維持されてきました。しかし，グローバリゼーションの進展によって国民国家と産業主義の時代は転換期を迎え，国家が官僚的に統制するシステムに代わって，地方分権化と規制緩和によって学校を地域共同体と市場統制に移譲する改革が展開されています。

　　他方，高度知識社会と情報社会と生涯学習社会の出現は，21世紀の教師に新しい役割を求めています。環境問題の深刻化，多文化共生社会の出現，局地戦争の持続と宗教や文化の衝突，貧富の格差の拡大，民主主義と公共倫理の解体などの現象は，未来を担う教育に新しい課題を要請しています。この章では，主要な教育改革を俯瞰することにより，未来に備える教師の生き方を考えることにしましょう。

◈本章のキーワード◈　　グローバリゼーション，学びの専門職，養成教育と現職教育の改革，教師の公共的使命，市民性の教育

1 転換期の学校

　学校は歴史的転換点に立っています。現代の教師は教育改革の渦中にあるといえます。これから教師になる人は，激変ともいえる学校改革の中で未来の教育のあり方と教師としての生き方を模索することになるでしょう。まず，現代の学校改革の基盤と背景を概括しておきましょう。

近代の公教育制度 　学校改革のドラスティックな展開の基盤にはグローバリゼーションによる公教育制度の再編があります。今日の学校教育は，近代の公教育制度を基盤として制度化されてきました。19世紀半ばに先進諸国を中心に成立した公教育制度は，国民国家の統合を最大の推進力とし「国民教育」として制度化されています。日本も例外ではありません。「学事奨励ニ関スル被仰出書」(1872年) を起点とする近代学校の成立は，フランスの中央集権的な教育制度とアメリカの学校教育のカリキュラムと授業の様式を模倣することにより，国民国家の統合と殖産興業の基盤となる国民教育の樹立を目的とするものでした。近代学校は急速に制度化されました。日露戦争を終えた1905年の義務教育の就学率は文部省の統計で90％を超えており，その規模と速度において欧米諸国を凌駕していました。国民教育は，学校において共通の文化と道徳を教育することによって「国民（日本人）」としてのアイデンティティを形成し，国民国家の樹立を実現したのです。

　近代学校の制度化のもう一つの推進力は産業社会の発展でした。

大工場による大量生産システムの成立は，大量の単純労働者を底辺
とし一部の知的エリートを頂点とするピラミッド型の労働市場を形
成し，その労働市場の需要に応える教育システムを形成しました。
そして大工場において採用された「生産性」と「効率性」と「品質
管理」を特徴とする経営システムは，教育目標によって効率的に統
制された学校のカリキュラムと授業の様式を形成しています。実際，
「教育目標」を設定して「効率性」を原理として学習を組織し，そ
の結果をテストによって評価する学校教育の定型的なシステムは，
「生産目標」によって労働作業を効率的に組織し，テストによって
品質管理を行う近代的労務管理のテーラー・システムを学校に応用
することによって形成されています。大工場のアセンブリライン
（流れ作業）が今日の学校のカリキュラムと授業の構造を規定したの
です。

グローバリゼーション
と公教育制度

1990 年代から加速度的に進行しているグ
ローバリゼーションは，近代の公教育制度
を基礎づけてきた国民国家と産業主義社会
を根底から揺るがしています。EU の統合に象徴される国民国家の
再編に見られるように，21 世紀の社会は政治・経済・文化におけ
る国境の壁を低くし，いくつかの国が統合される地域化（regional-
ization）と地域社会を単位とする局所化（localization）と国境を越
えた世界化（globalization）が同時に進行しています。国民国家の
時代は終焉に向かっているといってよいでしょう。さらに，経済の
グローバリゼーションは，先進諸国において産業主義社会からポス
ト産業主義社会への移行を促進しています。日本を含む先進諸国は，
モノの大量生産と大量消費を中心とする産業主義の社会から，知識

や情報や対人サービスが市場の中心になるポスト産業主義社会へと移行しています。OECD（経済協力開発機構）は，2020年には，日本のような経済的な先進国においては，これまで労働人口の大多数を占めてきた製造業の労働人口が全体の4%程度にまで激減すると予測しています。このように，公教育制度の基盤であった国民国家と産業主義社会は，いずれもグローバリゼーションによって急激に再編されつつあります。

　その結果，公教育制度においては，公立学校を国家が画一的に組織し統制する制度が見直され，地方分権化し規制緩和する制度への移行が各国で進行しています。日本の学校制度は，明治以来，中央集権的な国家統制を特徴としてきましたが，1984年の臨時教育審議会以後の改革は，いずれも国家が中央集権的に管理し統制してきた学校を地方分権化し民営化する方向へと大きくシフトしているのが特徴です。この地方分権化と規制緩和は，改革に伴う大きな問題を派生させています。文部省（現文部科学省）を中心に国家が責任を負ってきた公教育制度は，今後，どのようなシステムによって管理され統制されるのでしょうか。公教育制度の責任は誰が担い，教育の公共性や平等性はどのようなシステムによって保障されるのでしょうか。

若年労働市場の崩壊

　他方，産業主義社会からポスト産業主義社会への移行も，学校教育の内容と組織に大きな変化を生み出しています。上述したように，産業主義の社会は大量の単純労働者と一部の知的エリートによるピラミッド型の労働市場を形成していました。この労働市場は，ポスト産業主義社会への移行によって様変わりしています。ポスト産業主義社会は，別名

で「知識基盤社会」とよばれるように，知識が高度化し複合化し流動化する社会です。労働市場の変貌は著しく，労働市場の底辺部を構成していた工場は，企業の多国籍化と国際化により，安い労働力を求めて国外へと移動しています。それに代わって高度の知識と技術と創造性を備えた労働力の需要が高まり，ピラミッド型の労働市場は底辺を失い上部が肥大化して逆ピラミッド型へと移行しつつあります。その端的な現象が，若年労働市場の崩壊です。1992年に165万人を数えた高卒求人数は2002年には15万人へと激減しました。わずか10年間で若年労働市場の9割が消滅したのです（2023年には約44万人）。

　日本を含む東アジアの国々は，これまでピラミッド型の労働市場とピラミッド型の学歴社会との相互作用によって「圧縮された近代化」を推進し，驚異的な経済発展と教育の普及を達成してきました。その基盤には受験競争による勉強の文化がありました。しかし，ポスト産業主義社会の到来は，画一性と効率性と競争を原理とする東アジア型の教育に転換を迫っています。しかし，日本を含む東アジアの国々はいまなお画一性と効率性と競争の枠組みから脱しきれておらず，知識が高度化し複合化し流動化する社会に対応した教育システムも未確立であり，教育改革は混乱と混迷の中にあるといってよいでしょう。

社会システムの変化

子どもが成育する環境の急速な変化も今日の学校改革の背景として重要です。近代の教育は，子どもを保護し養育する3つの社会システムに支えられて成立していました。一つ目は地域共同体であり，二つ目は家族であり，三つ目は学校です。このうち前二者の変貌は顕著です。路地裏

や公園から子どもたちが消えたのは 1970 年代でした。地域社会は「コミュニティ」とよばれていますが，今日の地域は大人においても子どもにおいても「コミュニティ」としてのつながりも連帯も失っており，子どもを保護し養育する機能を劣化させています。

　家族の変貌も明らかです。少子高齢化の進行は，子どもをケアするネットワークを拡充しているように見えますが，現実には，子どもを保護しケアする環境は劣化する一方です。日本において近代家族制度の象徴とされる核家族が一般化したのが 1970 年代でしたが，現在，その核家族における子どもの養育が危機にさらされています。近年マスコミを通じて注目されている子どもの虐待は現象の一端を示しているにすぎません。

　かつて日本の家族は世界と比較して離婚率の低いことで有名でした。しかし現在では，日本の離婚率はフランス，ドイツと肩を並べトップレベルに接近しています。2014 年の統計によれば，65 万組のカップルが結婚し 22 万組のカップルが離婚しています。さらに都市部では 40 歳の未婚男性は同年齢の男性の 30% を超えています。誰もが結婚し子どもを養育する時代は終わり，一生で一度結婚する人々と何度も結婚する人々と一度も結婚しない人々に 3 分される社会へと移りつつあります。この変化の中で，誰が子どもを保護しケアするのかという問題が深刻化しつつあります。近代の社会は，核家族において母親に子育ての責任を委ねる家族制度を成立させてきました。しかし，母親に子育ての責任を押しつける「密室の子育て」は，母親にも子どもにも過重のストレスを与えており，その破綻があらわになっています。近代家族のシステムが崩壊しつつあるとすれば，今後の社会において，いったい誰がどのようなシステムによって子どもをケアし教育する責任を果たすのでしょうか。

2 改革の推移

学校改革はどのように進行しているのでし
ょうか。改革の方向は大別して2つありま
す。一つは、公立学校を民営化し国家による統制から市場のセクタ
ーによる統制へと移す新自由主義の改革です。もう一つは、公立学
校を国家の統制から地域共同体のセクターの統制へと移す社会民主
主義の改革です。同じ地方分権化と規制緩和といっても、新自由主
義による改革と社会民主主義による改革では、改革される学校の制
度も組織も異なっています。また、同じ地方分権化と規制緩和とい
っても、教育行政の責任と権限と財源をどこに移譲するのかによっ
て、すなわち教育の責任と権限と財源を文部科学省、都道府県教育
委員会、市町村教育委員会、校長、学校、教師、親、市民がどのよ
うに担うのかによって、学校改革は多様な方向に分岐することにな
ります。

　国際的に見れば、新自由主義の改革の傾向が強い国はイギリス、
アメリカ、日本、韓国、中国であり、これらの国々では、学校選択
の自由化、公立学校の民営化、企業の経営スタイルの導入、結果の
評価による学校間の競争の組織、チャーター・スクール（公費によ
る私立学校）などの導入などの改革が進行しています。他方、社会
民主主義の改革の傾向が強い国は、フィンランド、カナダ、オース
トラリアなどであり、これらの国々では、教育財源の国家責任を保
持した上で、地域の教育行政機関と学校の創造的な自律性と教師の
専門職性を強化する改革を推進しています。ニュージーランドのよ

2 改革の推移　　239

うに新自由主義の改革を強力に推進して失敗した後，逆に国家の中央集権的統制を強化している国もあります。総じて，どの国においても2つの改革路線の確執はいまなお混沌としています。

日本の新自由主義的教育改革

日本政府による教育改革においては，1984年に中曾根首相が組織した臨時教育審議会以降，新自由主義のイデオロギーと政策が主流を形成してきました。「小さな政府」をめざす新自由主義の政策は，選択の自由を導入して教育や医療や福祉などの公共サービスを市場競争による統制に委ね，行政や組織の責任を極小化し，個人の責任を極大化する特徴を示しています。「個性化」「選択の自由」「自己責任」などの標語による改革がそれです。

新自由主義の改革は3つの段階を経て展開しました。第1段階は1984年の臨時教育審議会から95年までであり，「自由化」と「個性化」の標語のもとで通学区域の緩和による学校選択制の導入，高校カリキュラムの多様化，大学の設置基準の緩和などが進行しました。

第2段階は1995年から2001年の小泉政権成立までです。中央教育審議会は学校5日制と教育内容の3割削減を決定しました。さらに財界を代表する経済同友会は，文部科学省が責任を負う学校教育の領域を読み書き算の基礎学力（国語と算数・数学）と日本人としてのアイデンティティの形成（道徳と日本史）に限定し，その他の領域を教育産業や地域のボランティアに委ね，公教育を現在の3分の1に「スリム化」するラディカルな改革案を「21世紀の学校」の構想として提示しました。1995年に公表されたこの改革案は，学校を「基礎教室」（文部科学省）と「自由教室」（教育産業）と「体験教

室」(ボランティアと教育産業)の３つの「合校」に再編するプラン
でした。この「合校」論は，文部大臣や中央教育審議会会長の支持
を得ただけでなく，日本教職員組合委員長の支持も獲得しています。
「公教育のスリム化」は，2000年に小渕首相の諮問機関「21世紀日
本の構想」委員会においても踏襲され，学校教育の現在の機能を
「国家のための教育」と「個人のための教育」に２分し，「個人のた
めの教育」を民間の教育産業へ譲渡する改革案にまとめられていま
す。

　新自由主義による改革の第３段階は小泉政権成立以後の展開です。
国家公務員の３割削減の要請を受けて，2004年に99の国立大学は
89の独立行政法人へと移行され，研究費と教育費の配分は「競争
的環境」におかれることとなりました。小学校，中学校，高校にお
いては，義務教育費の国庫負担制度の廃止が地方分権化の中心問題
になり，「構造改革特区」により株式会社による学校の設立も推進
されています。これら一連の改革については，学校教育の「公共
性」と「平等性」を破壊するものとして危惧する声も多いものの，
この間，東京都などの大都市では学校選択の自由化が進行し，教師
の企業研修や民間出身校長の登用なども推進されました。

　新自由主義の政策は，グローバリゼーションによるナショナリズ
ムの衰退に危機感を抱く新保守主義の政策との共犯関係を伴って展
開しています。新保守主義の政治家たちは，日の丸の掲揚と君が代
の斉唱を学校で強制して学校現場に政治的葛藤を引き起こし，一部
のナショナリストによって編集された「自国中心主義」を掲げた歴
史教科書は，侵略の歴史を歪めるものとして諸外国の批判を浴びる
にいたっています。さらに「愛国心」と「伝統文化」に固執する政
治家は，教育基本法の平和主義と民主主義と平等主義を否定し，教

育法システムの根幹である教育基本法の改正を行いました。

もう一つの草の根の改革

他方，地域共同体のセクターを基盤とする社会民主主義の学校改革は，教育行政においては傍系であるため，教育政策において表面には登場していません。しかし，学校を基礎とする草の根の改革および市町村の教育委員会や教育センターの推進する改革において幅広い展開を示しています。その動向は，地域と学校との連携と「学びの共同体」づくりを標榜する学校改革の2つの動きで典型的に示すことができます。

実際，近年，地域と学校との連携は飛躍的に前進しています。市民がボランティアとして学校教育に参加する様式，保護者が教師と連帯して学校教育に参画・参加する様式が，ほとんどの小学校，中学校において具体化しています。いまや地域との連携や保護者との連帯を形成していない小学校，中学校は皆無といってよいでしょう。20年前にそのような学校はまれにしか存在しなかったことを考えれば，学校を地域共同体の文化と教育のセンターとして位置づける改革が20年間に飛躍的に浸透したことが理解できるでしょう。

学校を「学びの共同体」として再定義する改革も全国に普及しています。「学びの共同体」としての学校とは，子どもたちが学び育ち合うだけでなく，教師も専門家として学び育ち合い，親や市民も学校の教育活動に参加して学び育ち合う学校を意味しています。「学びの共同体」としての学校においては，「公共性」と「民主主義」を基礎として，子どもたちは対話的コミュニケーションによる協同学習を推進し，教師たちは教室を開き合ってともに学び合う「同僚性」（collegiality）を形成し，親や市民は教師と連帯して学校

改革に協力するパートナーシップを形成しています。この改革は，共同体のセクターに内在する教育機能を十全に引き出すことにより，教師の専門職性を基盤とする教育実践の創造性を実現し，学校と地域の連携を基盤として学校の自律性を獲得する成果を生み出しています。これら学校と地域を基盤として推進されている草の根の改革は，今後いっそう強まるでしょう。

3 教師の使命

「静かな革命」——教室の風景の変化

21世紀の社会における学校改革は教師たちに新たな教育の哲学と実践の様式を求めています。その改革は教育政策として明示的に展開されているだけでなく，教室の変貌や学びの様式の変化のように「静かな革命」として展開しています。たとえば，過去30年間に世界の教室の風景は大きく変化しました。黒板があって教卓があって生徒の机が一方向に列をなして並んでいる教室は，いまや多くの国々で博物館に入っています。世界の教室は，20人ほどの子どもたちが4〜5人ずつテーブルを囲んで協同学習を展開する場所になっていますし，黒板は使われず教科書は脇役となって，テーマを中心とするプロジェクト学習が主流となっています。旧来の教室の風景と一斉授業の様式がいまも支配的なのは，中国，日本，韓国，台湾，香港，シンガポールなど東アジアの国々といってよいでしょう。その東アジアの国々でも，韓国では学級定員を50人から35人に改善して，4〜5人のグループ学習を導入する改革を実行していますし，シンガポールにおいてもテーブルをかこむ協同学習を

中心とする改革がすべての学校で推進されています。韓国やシンガポールのように教室の改革を行政主導で画一的に断行する方式は日本にはなじまないでしょうが，日本の教室の風景や授業と学びの様式も，国際的な動向を反映して今後急速に変化していくに違いありません。一方向に段階的に組織されたプログラム型のカリキュラムや学年制による学級の組織や黒板とチョークと教科書による一斉授業の様式は，いずれも大工場のアセンブリラインをモデルとする産業主義の様式であり，それらの組織や様式はもはや終焉を迎えています。知識が高度化し複合化し流動化するポスト産業主義の社会，学校教育が生涯にわたる学びの基礎となる生涯学習の社会は，新しいカリキュラムと授業と学びの様式を要請しています。

これからの時代に教師になる人は，新しい酒を新しい皮袋に注ぐように，新しい学校と教室に新しい授業と学びの様式を創造する開拓者としての役割を担っています。すでに授業と学びの改革は，大半の小学校，中学校，高校において多くの教師が挑戦している事柄です。それら先達の創意的な挑戦に学び，自らも創意的な実践を展開することが，これからの教師には求められます。

「学ぶ専門職」として

教職の専門職化を標榜する養成教育と現職教育の改革は，その要請に直接的に応えるものとなるでしょう。欧米諸国と同様，日本においても養成教育を大学院段階に引き上げ，生涯学習によって教職の専門職性を向上させるシステムが，近い将来，構想され実現されることになります。その改革は，教師という職業の性格を根本から刷新するものとなるでしょう。「教える職業」（teaching occupation）から「学びの専門職」（learning profession）への転換です。教師は教育の専門家とし

て学び続けながら，子どもの学びを促進する教育実践に携わること
になります。このような教職の再定義やそのシステムは，いまは一
部でしか実現していませんが，21世紀に生きる教師は「学びの専
門職」として生き方が問われることはまちがいありません。

　教職の専門職化は学校経営における教師の役割も変化させるでし
ょう。旧来の制度における教師は，校長や教頭などの管理職以外は
すべてキャリア段階のない教師一般であり，小学校では担任の学級
と校務分掌，中学校，高校では担当する教科組織と学年組織と校務
分掌に責任が限定されていました。しかし，教職の専門職性と学校
の自律性を樹立する教育改革の進展は，教師間における同僚性の形
成と校長と指導的教師による学校の協同経営を促進し，教師の組織
と役割の再編を促すでしょう。これからの教師は，子どもと教科を
対象とする専門職性を問われるだけでなく，教師相互の同僚性や学
校の協同的な経営においても専門職性を問われることになります。
その展望を含んだ**養成教育と現職教育の改革**が求められています。

4 未来への希望

「市民性の教育」へ
　　　　　　　　　　教師は公共的使命（public mission）に基盤
　　　　　　　　　　をおく専門職です。その性格は，今後どの
ような教育改革が進行しようとも変化することはないでしょう。**教
師の公共的使命**とは，すべての子どもたちが学びの権利を実現する
平等な機会を提供し，子どもたち一人ひとりが主人公として政治と
経済と文化の活動に参加する基礎となる市民的教養を教育し，民主
主義社会の実現と発展に貢献することです。この教師に課せられた

公共的使命の性格も変化することはないでしょう。

　これからの社会は，むしろ教師の公共的使命と責任をいっそう増大させるに違いありません。21世紀の社会は「知識基盤社会」であり学習社会であり，教育と学びの機能が政治や経済や文化の中心となる社会です。そしてグローバリゼーションの進行は，公教育を「国民教育」から「**市民性の教育**」（education for citizenship）へシフトさせています。「市民性の教育」とは「地球市民」「日本社会の市民」「地域社会の市民」の3つの層における市民として子どもたちを育てることを意味しています。この転換は，これまで「国民」のカテゴリーに閉ざされてきた教育目的を多層化し拡大することを要請しています。

教職の公共的使命　世界規模における環境破壊と貧富の格差の拡大，テロリズムと局地戦争に象徴される平和の危機の拡大，子どもをケアし教育する社会システムの崩壊，文化的な葛藤と差別の拡大など，グローバリゼーションによる一連の危機の拡大は，教育の公共的使命をいっそう重要で切実なものとしています。さらに市民社会と学校教育の双方における「公共性」と「民主主義」の危機は，教師と市民が連帯した改革を推進することによってしか解決することはできないでしょう。

　子どもたちの現在と将来に責任を負う学校の公共的使命は，学校改革の主体である教師たちによって担われ遂行されるほかはありません。しかしながら教育改革の現況は，教師たちの公共的使命の自覚を支え，その遂行を支援するというよりも，むしろ教師の公共的使命を覆い隠し，教師たちの職業意識と実践を混迷に追い込む傾向も見られます。教師たちが公共的使命に照らして希望を託すること

のできる改革でなければ，どのような改革も成功することはないでしょう。きわめて残念なことですが，現在進行している教育改革は，必ずしも教師たちの希望を育て，その希望を託して推進しうる改革とはなりえていません。

　教育の転換期に教職を志す人々は，これまでの教師以上に幅広い柔軟な思考によって，新しい時代にふさわしい教職の使命を自覚し，未来の希望を開く教育のビジョンと哲学を形成する必要があります。子どもたちと日本社会の未来は，これから教職に就く人々の創造的な知性と確かな意志に委ねられています。

❖読 書 案 内❖

①佐藤学『教育改革をデザインする』岩波書店，1999 年。
　教育改革をめぐる政策と理論の混乱を解き明かし，学校改革を推進するための基礎となる原理を提示し，現実的な改革のビジョンを提示している。

②佐藤学『教師というアポリア──反省的実践へ』世織書房，1997 年。
　教師研究と教師文化研究の最も重要な論題を各章で叙述し，アメリカの教職の専門職化の改革動向を紹介しつつ，養成教育と現職教育の課題を示している。

③佐藤学『専門家として教師を育てる──教師教育改革のグランドデザイン』岩波書店，2015 年。
　21 世紀型の教師教育のグランドデザインを提示し，教師教育の「高度化」と「専門職化」の改革を提示している。

④佐藤学『新版 学校を改革する──学びの共同体の構想と実践』

岩波ブックレット，2023年。

　学校は内側からしか改革することはできない。国内外で大きな反響を呼んだ「学びの共同体」の手引き書を，時代の変化をふまえアップデートした新版。

⑤佐藤学『教室と学校の未来へ——学びのイノベーション』小学館，2023年。

　ポストコロナ時代の学校教育のあるべき姿・進むべき姿を「学びのイノベーション」として，イノベーション，ネットワーク，コーディネーション等のキーワードを通して論じている。

教師研究へのアプローチ

　これまで，教師の仕事やそれを取り巻く，社会的・制度的・文化的・歴史的状況について見てきました。この資料編では，あらためて，教職という仕事や生き方について探究するための視点や手だてを考えていきます。なお，ここでは，初等中等教育段階の学校教育における教師に限定して考えます。高等教育段階（大学，短期大学，専修学校など）の教師や社会教育関係職員や福祉関係職員については取り上げていません。

1 教師研究の広がり

　まず，少し広い見取り図を描いてみましょう。教師の仕事を含め，広く教育に関連する事象について追究する学問領域は，表資-1 に示したように，その扱う対象や研究上依拠する理論や方法の背景にある親学問に応じて，教育〇〇学として存在します。教員養成プログラムの多くはこれらについて学ぶように配置されています（次元 B）。教師研究は，各学問領域において，それぞれの立場からなされています。

表資-1　教育関連学問領域

次元 A	教育学
次元 B	教育哲学，教育心理学，教育史学，教育社会学，教育行財政学，教育法学，教育経営学，教育人類学，教育工学，教育方法学……

表資-2　教師研究の課題

教　　師	1. 教師教育一般，2. 教師論一般，3. 女教師論
教員養成	4. 教師養成，5. 教師採用，6. 教師研修（初任者研修を含む），7. 教育実習，8. 教育職員免許制度
教　　職	9. 教師の力量形成，10. 教師の職務，11. 教師の権利・義務，12. 教師観・教職論
教育実践学校経営	13. 教師教育カリキュラム論，14. 教科教育論，15. 校長・教頭等教育管理職養成，16. 教育行政関係者養成，17. 教師需給関係
学　　校	18. 教育大学・学部論，19. 附属学校論，20. 教職課程論，21. 盲・聾・養護学校教師教育，22. 海外日本人学校教師教育，23. 専修学校等教師教育，24. 社会教育職員養成，25. 教育実践論，26. 教育学教育論，27. 学校事務職員，28. 司法関係職員，29. 福祉関係職員
そ の 他	30. その他

（出所）日本教師教育学会［n.d.］

さらにこれらの学問領域を統合して「教育学」と称します（次元A）。

　表資-2 は，日本教師教育学会が作成している「教師教育研究文献目録」の凡例で，これらを参照して教師や教職に関するさまざまな研究課題が分類・整理されています。それを参考にすると，教師研究には以下のような研究課題の広がりがあることがわかります。

① 　教師：教師としてのありようや生き方についての思想，教師観やその歴史的変遷，教師のジェンダーに関する問題などを探究します。

② 　教員養成：教員養成のシステムについて，その内容や方法，カリキュラム，教員養成大学，教員研修のあり方などについて探究します。

③ 　教職：職業としての教師について，養成・採用・研修の制度やその歴史的変遷，教師の学習や職能発達などについて探究します。

④ 　教育実践・学校経営：学校現場における教師の営みの中核とな

る授業における教師の仕事や，各学校が設置した学校教育目標の達成に向けいかなる取り組みをするかなど，学校経営について探究します。

⑤　学校：教師を個人としてではなく，集団，システムのレベルでとらえ，学校を支えるメンバー，教師集団としてのあり方や組織管理の仕方などについて探究します。

また，教師研究には，教育の理論や思想について探究する研究，実践や理論，制度の歴史について探究する研究，質問紙やインタビュー，観察によって教師の仕事の実際を把握する研究などさまざまな方法での取り組みがあります。とりわけ，近年では実際に学校や教室に長期間滞在し，教師の仕事について観察するエスノグラフィー研究，研究者が教師とともに授業や学校の改善に取り組むアクション・リサーチ，インタビューや記述などから得られた語りに基づいて，教師としての人生や生き方，熟達の過程などを探究するライフストーリー研究などの取り組みが蓄積されつつあります。

2 教師についての情報を収集する

教師について研究し，学び，教職という職業世界について探究するためには，教師や教師を取り巻く背景について偏りなく幅広い情報を集めることが必要になります。以下では，そのために役立つインターネットサイトを紹介します。主として教職について概観できるもの，教師について探究するための入り口になるものを選んであります。

①　文部科学省　https://www.mext.go.jp

各種審議会情報など，教育政策，教育行政の動向について知ることができます。「教員の免許，採用，人事，研修等」のページでは教員免許状の取得，採用試験，教員研修について知ることができます。また，教師や学校に関する各種統計資料を見ることができます。

② 国立教育政策研究所　https://www.nier.go.jp

教育政策に関する国立の研究機関として，教育行政の諸課題への対応や教育現場の要請に応じた研究を推進しています。教育や教師をめぐる研究のトレンドや方向性について知ることができます。また，教育研究情報センター内には教育図書館が設置されており，一般にも公開されています。

③ 国立教育政策研究所　公教育データ・プラットフォーム　https://edpportal.nier.go.jp

国立教育政策研究所が作成した各種資料や，全国の教育委員会，関連する省庁や独立行政法人，大学附属学校等が提供している教材や指導資料などの情報が集積されています。校種やトピックから検索できるようになっており，研究から実践まで広く活用できます。

④ 国立教育政策研究所　教育研究情報データベース　https://erid.nier.go.jp

教育に関する情報がデータベース化され，公開されています。データベースの種類には，1) 教育研究所・教育センター刊行論文，2) 初等中等教育諸学校における実践的教育研究主題，3) 地方教育センター等における教職員研修講座，4) 高校入試問題，5) 教育学関係博士・修士学位論文題目，6) 学習指導要領，7) 全国小中学校研究紀要(学習指導案)，8) 教科書編集趣意書の8つがあります。

⑤ 全国教育研究所連盟　https://schit.net/zenkyou/

都道府県・市町村・民間の教育研究所や教育センター等が加盟する教育研究団体です。各自治体，民間の研究所に関するリンク集です。

⑥ 教育系サブジェクトリポジトリ　https://www2.u-gakugei.ac.jp/~library/edusr/

東京学芸大学附属図書館が提供しています。東京学芸大学，大阪教育大学，兵庫教育大学，奈良教育大学，愛知教育大学，上越教育大学，福岡教育大学，文教大学の8大学の機関リポジトリを通じて提供される大学等の研究成果から，教育分野の情報のみが収集された文献検索

データベースです。教育分野に特有の主題・キーワードから検索できる仕組みとなっています。

⑦　教師，教職に関する学会

前述した，教育に関する学問領域ごとの共同体です。

日本教育学会　http://www.jera.jp

日本教師教育学会　https://jsste.jp

日本教師学学会　https://jaret.smoosy.atlas.jp/ja

日本教育方法学会　http://www.nasem.jp

日本カリキュラム学会　http://jscs.b.la9.jp

日本教育工学会　https://www.jset.gr.jp

日本教育心理学会　http://www.edupsych.jp

日本学校心理学会　http://schoolpsychology.jp

日本教育社会学会　https://jses-web.jp

日本教育経営学会　http://jasea.jp

日本教育行政学会　http://www.jeas.jp

日本教育政策学会　http://jasep-web.jpn.org/wp/

日本教育制度学会　https://www.jseso.org

教育関連学会連絡協議会　http://ed-asso.jp

3 教師をめざして

●教員免許状を取得する

ここでは，教員免許状やその取得に関する事柄について，教育職員免許法（以下，免許法）および教育職員免許法施行規則（以下，施行規則）に基づいて教師になるための免許の種類や必要な学び（取得単位）を確認していきましょう。この免許法は，「教育職員の免許に関する基準を定め，教育職員の資質の保持と向上を図ることを目的」として制定され（第1条），施行規則でその施行を具体的に定め，教師をめざす方はこれに基づいて大学等で必要な学びを修めていきます。

①免許状の種類 日本では，「相当免許状主義」といって，幼稚園，小学校，中学校，高等学校の教員となるのに，学校種ごとの教員免許状が必要となり，表資-3の普通免許状以外にも「特別免許状」「臨時免許状」があります。

普通免許状：一定の基礎資格を有し，大学や所定の養成機関（養護教諭や栄養教諭の場合）において所定の単位を修得した者あるいは教育職員検定に合格した者に授与されます（教育職員免許法第5条）。

特別免許状：その免許状を授与した授与権者のおかれる都道府県においてのみ効力をもち，任用する都道府県や学校法人などの推薦や教科に関する専門的な知識，経験，技能などが求められます（同第5条第2~3項，第9条第2項）。

臨時免許状：普通免許状を有する者を採用することができない場合に限り，教育職員検定に合格した者に授与されるもので，この免許状は3年間の期限付きで，その免許状を授与した授与権者のおかれる都道府県においてのみ効力をもちます（同第9条第3項）。

中学校と高等学校の普通・臨時免許状は教科ごとに授与され中等教育学校の教員には，中・高教員免許状の両方が求められます。では，以下で，実際に免許取得に必要となる要件を確認していきましょう。

②基礎資格 まず基礎資格として，表資-3にあるように幼稚園，小学校，中学校，高等学校においては，修士の学位を有する者は専修免許状，学士の学位を有する者（学部卒業）は一種免許状，短期大学士の学位を有する者は二種免許状を取得することができます（ただし，高等学校教諭に二種免許状はなし）。

また，特別支援学校教諭においては，上述の学位に加え，学校種ごとの普通免許状を有することが基礎資格になっています（同第17条）。養護教諭や栄養教諭においては，資格の有無や大学以外の養成施設における在学などに応じて免許状の種類が異なります（免許法別表第2〔第5条関係〕および別表第2の2〔第5条関係〕を参照）。

254　資料　教師研究へのアプローチ

表資-3　教員免許取得に必要な科目の単位数・内訳

①免許状の種類 ※1		②基礎資格	③教科及び教職に関する科目					
			1)教科及び教科の指導法に関す科目（領域及び保育内容の指導法に関する科目）	2)教育の基礎的理解に関する科目	3)道徳、総合的な学習の時間等の指導法及び生徒指導、教育相談等に関する科目	4)教育実践に関す科目	大学が独自に設定する科目	合計
幼稚園教諭	専修免許状	修士	16	10	4	7	38	75
	一種免許状	学士	16	10	4	7	14	51
	二種免許状	短期大学士	12	6	4	7	2	31
小学校教諭	専修免許状	修士	30	10	10	7	26	83
	一種免許状	学士	30	10	10	7	2	59
	二種免許状	短期大学士	16	6	6	7	2	37
中学校教諭	専修免許状	修士	28	10	10	7	28	83
	一種免許状	学士	28	10	10	7	4	59
	二種免許状	短期大学士	12	6	6	7	4	35
高等学校教諭	専修免許状	修士	24	10	8	5	36	83
	一種免許状	学士	24	10	8	5	12	59

①免許状の種類		②基礎資格 ※2	③特別支援教育に関する科目				
			1)特別支援教育の基礎理論に関する科目	2)特別支援教育領域に関する科目	3)免許状に定められることとなる特別支援教育領域以外の領域に関する科目 ※3	4)心身に障害のある幼児、児童又は生徒についての教育実習	合計
特別支援学校教諭	専修免許状	修士	2	16	5	3	26
	一種免許状	学士	2	16	5	3	26
	二種免許状	短期大学士	2	8	3	3	16

(注)　1.　表中は普通免許状で，これ以外に，特別免許状，臨時免許状（有効期間3年）があります。
　　　2.　特別支援学校教諭免許状を取得するためには，上記に加え学校種ごとの普通免許状が必要になります。
　　　3.　視覚障害または聴覚障害者に関する教育の領域を定める免許状の授与を受ける場合は，当該領域に関する心身に障害のある幼児，児童又は生徒の心理，生理及び病理に関する科目ならびに当該領域に関する心身に障害のある幼児，児童又は生徒の教育課程及び指導法に関する科目について合わせて8単位（二種免許は4単位）以上修得することとなっています。

(出所)　教育職員免許法施行規則。

③教職に関する科目 「教職に関する科目」には大きく，表資-4に示す5つの科目群があります（施行規則参照）。

1) 教科及び教科の指導法に関する科目

当該科目における教育目標や育成をめざす資質・能力を理解し，学習指導要領に示された当該教科の背景となる学問領域と関連させて理解を深めていきます。

幼稚園教諭の普通免許状の授与には，「領域および保育内容の指導法に関する科目」として「健康」「人間関係」「環境」「言葉及び表現」の領域に関する専門的事項を含む科目のうち，1単位以上の科目を修得する必要があります。

小学校教諭の普通免許状の授与には，「教科及び教科の指導法に関する科目」として国語（書写を含む），社会，算数，理科，生活，図画工作，家庭，体育及び外国語の教科に関する専門的事項のうち1つ以上の科目を修得する必要があります。

中学校教諭の普通免許状の授与を受ける場合は，取得しようとする免許状の種類に応じてそれぞれが定める「教科に関する専門的事項」についてそれぞれ1単位以上修得する必要があります。例えば，社会の一種免許状を取得する場合は，「日本史及び外国史」「地理学（地誌を含む）」「法律学，政治学」「社会学，経済学」「哲学，倫理学，宗教学」をそれぞれ1単位以上修得していきます。

高等学校教諭の普通免許状の授与を受ける場合も，中学校教諭の場合と同様，受けようとする免許教科ごとに当該の科目に関する専門的事項に関する科目をそれぞれ1単位以上修得していきます。

2) 教育の基礎的理解に関する科目

教育の基本的概念や理念，教育の歴史や思想を学ぶとともに，教職の意義や教員の役割，職務内容への理解を深めていきます。また，社会的な制度や地域との連携，子どもの発達段階や支援ニーズなどを踏まえた支援に向けた知識やカリキュラムマネジメントについて学びま

表資-4　教職に関する科目

	教科及び教職に関する科目	前項の各科目に含めることが必要な事項（小学校教諭，中学校教諭の場合）
1	教科及び教科の指導法に関する科目	教科に関する専門的事項
		各教科の指導法（情報通信技術の活用を含む。）
2	教育の基礎的理解に関する科目	教育の理念並びに教育に関する歴史及び思想
		教職の意義及び教員の役割・職務内容（チーム学校運営への対応を含む。）
		教育に関する社会的，制度的又は経営的事項（学校と地域との連携及び学校安全への対応を含む。）
		幼児，児童及び生徒の心身の発達及び学習の過程
		特別の支援を必要とする幼児，児童及び生徒に対する理解
		教育課程の意義及び編成の方法（カリキュラム・マネジメントを含む。）
3	道徳，総合的な学習の時間等の指導法及び生徒指導，教育相談等に関する科目	道徳の理論及び指導法
		総合的な学習の時間の指導法
		特別活動の指導法
		教育の方法及び技術
		情報通信技術を活用した教育の理論及び方法
		生徒指導の理論及び方法
		教育相談（カウンセリングに関する基礎的な知識を含む。）の理論及び方法
		進路指導及びキャリア教育の理論及び方法
4	教育実践に関する科目	教育実習
		教職実践演習
5	大学が独自に設定する科目	

（出所）　教育職員免許法施行規則（第1章　単位の修得方法等）。

す。

3)　道徳，総合的な学習の時間等の指導法及び生徒指導，教育相談等に関する科目

　道徳，総合的な学習の時間，特別活動などにおいて子どもたちに求められる力を踏まえ，教育目的に適した指導力量を身につけます。また，教育相談や進路指導などにおいて個々の特質や課題を理解し，組

織として連携して指導する力も身につけていきます。こうした学習指導や校務にあたり情報技術を的確に活用する知識・技能も獲得します。

4) 教育実践に関する科目

実際に教育実践に関わることを通して教師としての使命感や子どもに対する愛情を深め，教師になる能力や適性を考え課題を自覚する機会をもちます。学校において観察，実習を行う「教育実習」に加え，教職課程内外で身につけた力を有機的に統合する「教職実践演習」を通して，教師になる上での課題や補うべき知識や技能の習得や定着を図り，教職生活の円滑なスタートに向けた実践的な知識，技能を獲得します。

「教育実習」では，幼・小・中学校教諭免許状取得志願者は5単位，約4週間，高等学校教諭免許状取得志願者は3単位（それぞれ事前・事後指導1単位を含む）約2週間，学校現場での教育実践を通じて学びます。

「教職実践演習」は，2006年7月の中央教育審議会答申「今後の教員養成・免許制度の在り方について」において提言され2013年度（短期大学では2011年度）から実施されるようになったもので，

1 使命感や責任感，教育的愛情等に関する事項
2 社会性や対人関係能力に関する事項
3 幼児児童生徒理解や学級経営等に関する事項
4 教科・保育内容等の指導力に関する事項

を含めることとされています。現代社会において教師に求められる資質をみなさんが獲得する機会として位置づけられています。また，こうした学びをより充実したものとするため，教職実践演習における授業方法について，役割演技（ロールプレーイング）やグループ討議，事例研究，現地調査（フィールドワーク），模擬授業等を積極的に取り入れることが求めれています。教職科目を担当する多様な教員が共同することで科目の実施に責任をもつ体制をとり，教職課程の「学びの集大成」と位置づけられています。

5) 大学が独自に設定する科目

　この科目群において，各大学では，学生に教師としての資質能力を身につけさせ，得意分野や個性の伸長を図るため，大学ごとの裁量によって科目を開設することができます。

　また，2023 年 4 月より，教育現場の新たな教育課題やニーズにその都度的確に対応して先導的な教員養成の取り組みを加速させる目的で「教員養成フラッグシップ大学」が立ち上がり，4 大学（東京学芸大学，福井大学，大阪教育大学，兵庫教育大学）が認定を受けました。

　これらの大学では「大学が独自に設定する科目」を活用することで，社会変化や未来の社会を見据えた科目を展開し，次世代に活躍する教員養成を牽引する役割のもと教員養成にあたっています（東京学芸大学の例：「教育のためのデータサイエンス」「社会に開かれた探究と創造の学びのデザイン」「チーム学校と多職種協働」など）。

　なお，こうした「教科及び教職に関する科目」に加え，小学校または中学校の普通免許状を取得しようとする志願者には，社会福祉施設（保育所等一部施設を除く）等で 5 日間，特別支援学校において 2 日間の合計 7 日間の介護等の体験を行う「介護等体験」が義務づけられています（小学校及び中学校の教諭の普通免許状授与に係る教育職員免許法の特例等に関する法律）。教員志願者が個人の尊厳と社会連帯の理念に関する認識を深められるよう，高齢者や障害者に対する介護等の体験を義務づけることにより，人の心の痛みのわかる人づくり，各人の価値観の相違を認められる心をもった人づくりの実現に資することを目的としています。なお，その他の科目として「日本国憲法」「体育」「外国語コミュニケーション」「数理，データ活用及び人工知能に関する科目又は情報機器の操作」も必須科目となっています。

　こうした免許法や施行規則は時代や社会の要請を踏まえ改正が重ねられてきました。最後に，今後みなさんが教職課程で学ばれる中で意識しておかれるとよいと思われる課題を 2 点紹介します。

チーム学校・多職種協働

表資-4 にも示されているように，授業や学級経営などの教育活動にあたることに加え，昨今では，子どもたちの抱える課題の複雑化や高度化を受け，「チームとして」学内外のアクターと連携し，それぞれの専門性を活かした課題解決を図っていくことの重要性も指摘されています。そのためには，①専門性に基づくチーム体制の構築，②学校のマネジメント機能の強化，③教員一人ひとりが力を発揮できる環境の整備が必要（文部科学省，[2015]）となりますが，これが達成されることで，よりよい課題解決の可能性や，教師の職務負担の軽減等が期待できるとされています。

ただ，カウンセラーやスクールソーシャルワーカーなど教師職以外の多様なアクターとの連携（これを「多職種連携」とよびます）を実際に行う場面における難しさも指摘されています。多様なアクターが関わる場面では，異なる専門性や価値観，経験の違いなどのもとで，共通目標を共有することや，どこまでを教師の役割とするかといった職務境界の不明瞭さなど，さまざまな課題があるからです。

では教師は，子どもたちの育ちや学びを支える専門家として，養成段階から，採用後，入職し，現場でさまざまな経験を経ながら，いかに教師としての専門性を維持していくのか，教師の専門性の維持についての議論をたどってみましょう。

教師の質の確保

教師の質の確保は子どもたちの学びに関わる重要な点であり，これまでもさまざまな議論が展開されてきました。2022（令和 4）年 12 月に出された「『令和の日本型学校教育』を担う教師の養成・採用・研修等の在り方について」では以下の 5 点が示されました。

① 教師に求められる資質能力の再定義

② 質の高い教職員集団の在り方

③ 教員免許の在り方・教員免許更新制の抜本的な見直し

④　教員養成大学・学部，教職大学院の機能強化・高度化

⑤　教師を支える環境整備

　これをめぐり，教師の質の確保をめざす背後にある教師ら自身の主体性や専門家としての自律性をめぐる議論があります。

　わが国は，大学における養成の原則や開放制の原則（教員養成を目的とする学位課程に限らず，いずれの大学でもあらゆる学位課程において教職課程を設置し，教員養成を行うことができる）のもとで，上記のような科目を履修することにより専門性を担保しようとしてきました。そして免許取得後も，教員として必要な資質能力が時代の進展に応じて更新が図られるよう，大学等で行われる講習（計30時間以上）の受講修了により教員の資質能力の更新を図る「教員免許更新制」が導入されました（2006年7月中央教育審議会答申「今後の教員養成・免許制度の在り方について」）。ところが本制度は，2022年5月「教育公務員特例法及び教育職員免許法の一部を改正する法律」の成立に伴い，同年7月1日以降解消され，代替案として「研修受講履歴管理システム」が導入されました。「教員免許更新制」の解消の背後には，制約下での学びが形式的なものとなることや10年に一度の特定期間の更新講習の受講よりも，常に最新の知識技能を学び続けていく必要性があることと整合的でないとの指摘がありました。そこで「新たな教師の学びの姿」実現のため，質保証を図る仕組みや学習全体を体系化するプラットフォームを整備し，学びの成果を可視化するものとしてこの研修受講履歴の管理が提起されたのです。

　では，この研修受講履歴の管理は，専門家としての教師の自律性や主体性という観点から教師の学びに適合的であるでしょうか。みなさんはどうとらえますか。研修受講履歴の管理が学校長の責任となったとき，教師らの自主性や自律性は担保されうるか，人事管理強化につながることが教師の専門性の矮小化につながらないかとする議論もあります（先進諸国の免許取得の仕組みについては第8章 *Column* ⑧ を参照）。

4 教職の今を探る

● 統計資料から

表資-5　学校数

学校数	総　数	国　立		公　立		私　立	
幼稚園	8,837	49	(0.6%)	2,744	(31.1%)	6,044	(68.4%)
幼保連携・認定こども園	6,982	…	(　…)	948	(13.6%)	6,034	(86.4%)
小学校	18,980	67	(0.4%)	18,669	(98.4%)	244	(1.3%)
中学校	9,944	68	(0.7%)	9,095	(91.5%)	781	(7.9%)
義務教育学校	207	5	(2.4%)	201	(97.1%)	1	(0.5%)
高等学校	4,791	15	(0.3%)	3,455	(72.1%)	1,321	(27.6%)
中等教育学校	57	4	(7.0%)	35	(61.4%)	18	(31.6%)
特別支援学校	1,178	45	(3.8%)	1,118	(94.9%)	15	(1.3%)
合　計	50,976	253		36,265		14,458	

（出所）　文部科学省［2023b］。

表資-6　本務教員数

本務教員数	総　数	国　立		公　立		私　立	
幼稚園	85,432	360	(0.4%)	13,616	(15.9%)	71,456	(83.6%)
幼保連携・認定こども園	142,281	－	(　－)	15,694	(11.0%)	126,587	(89.0%)
小学校	424,297	1,712	(0.4%)	417,007	(98.3%)	5,578	(1.3%)
中学校	247,485	1,539	(0.6%)	229,980	(92.9%)	15,966	(6.5%)
義務教育学校	7,448	233	(3.1%)	7,189	(96.5%)	26	(0.3%)
高等学校	223,246	563	(0.3%)	160,306	(71.8%)	62,377	(27.9%)
中等教育学校	2,829	196	(6.9%)	1,917	(67.8%)	716	(25.3%)
特別支援学校	87,869	1,513	(1.7%)	86,042	(97.9%)	314	(0.4%)
合　計	1,220,887	6,116		931,751		283,020	

（出所）　文部科学省［2023b］。

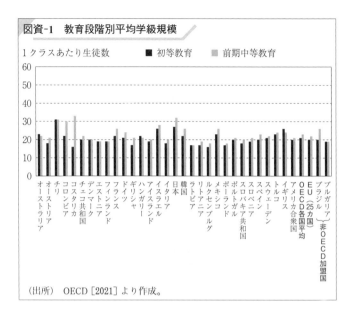

図資-1　教育段階別平均学級規模

1クラスあたり生徒数　　　■ 初等教育　　　■ 前期中等教育

（横軸の国名ラベル）
オーストラリア、オーストリア、チリ、コロンビア、コスタリカ、チェコ共和国、デンマーク、エストニア、フィンランド、フランス、ドイツ、ギリシャ、ハンガリー、アイスランド、アイルランド、イタリア、日本、韓国、ラトビア、リトアニア、ルクセンブルグ、メキシコ、ポーランド、ポルトガル、スロバキア共和国、スロベニア、スペイン、スウェーデン、トルコ、イギリス、アメリカ合衆国、OECD各国平均、EU（25カ国）、ブラジル、ブルガリア｝非OECD加盟国

（出所）　OECD［2021］より作成。

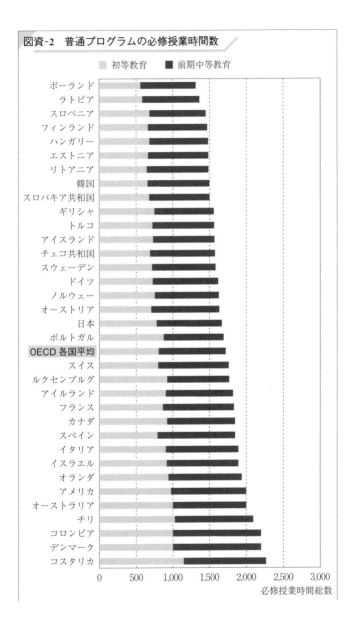

図資-2　普通プログラムの必修授業時間数

凡例：初等教育 ／ 前期中等教育

ポーランド
ラトビア
スロベニア
フィンランド
ハンガリー
エストニア
リトアニア
韓国
スロバキア共和国
ギリシャ
トルコ
アイスランド
チェコ共和国
スウェーデン
ドイツ
ノルウェー
オーストリア
日本
ポルトガル
OECD 各国平均
スイス
ルクセンブルグ
アイルランド
フランス
カナダ
スペイン
イタリア
イスラエル
オランダ
アメリカ
オーストラリア
チリ
コロンビア
デンマーク
コスタリカ

横軸：0　500　1,000　1,500　2,000　2,500　3,000

必修授業時間総数

(注)　1.　授業時間配分が複数学年にわたる柔軟なものであるため，教育段
　　　　　階別の時間数は年間平均授業時間数をもとにした推定値です。
　　　2.　2022 年までに収集されたデータに基づいています。
　　　3.　前期中等教育の学年数はコースによって 3 学年または 4 学年（職
　　　　　業前中等教育 pre-vocational secondary education）の 4 年目は
　　　　　計算より除外）。
　　　4.　国及びその他の参加国は，義務教育の総授業時間数の昇順でラン
　　　　　ク付けされています。
（出所）　OECD［2023b］より作成。

図資-3 教員の年齢構成の国際比較

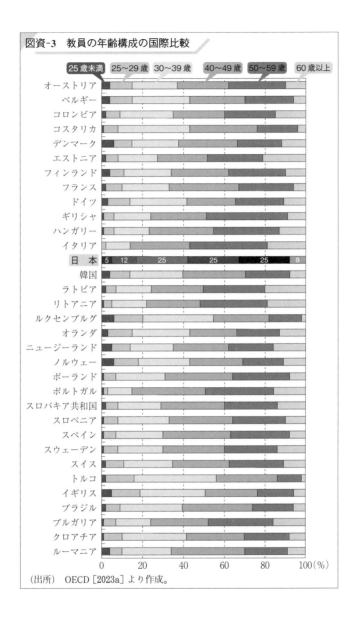

（出所） OECD［2023a］より作成。

図資-4　女性教員の割合の国際比較（2021 年）

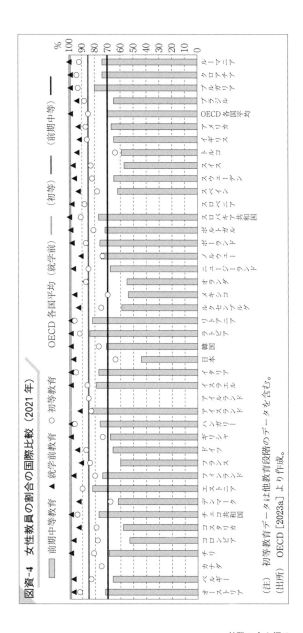

（注）　初等教育データは他教育段階のデータを含む。
（出所）　OECD［2023a］より作成。

図資-5　教員研修の実施体系

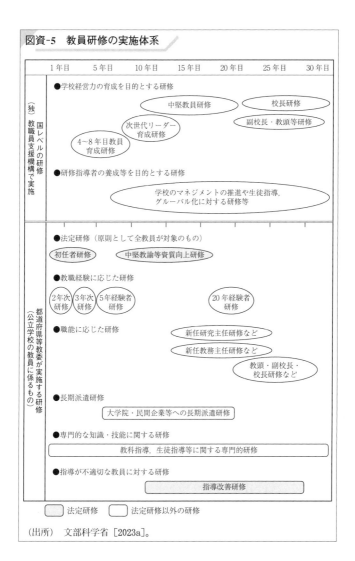

（出所）　文部科学省［2023a］。

●引用・参考文献●

※各種サイトへのリンクは本書ウェブサポートページで提供します。

第1章

秋田喜代美［1995］「教えるといういとなみ——授業を創る思考過程」佐藤学編『教室という場所』国土社。

国立教育政策研究所［2018］「TALIS 2018 報告書——学び続ける教員と校長——の要約」。

佐藤学［1994］「教師文化の構造——教育実践研究の立場から」稲垣忠彦・久冨善之編『日本の教師文化』東京大学出版会。

中央教育審議会［2022］「『令和の日本型学校教育』を担う教師の養成・採用・研修等の在り方について～「新たな教師の学びの姿」の実現と，多様な専門性を有する質の高い教職員集団の形成～」答申。

藤田英典ほか［1995］「教師の仕事と教師文化に関するエスノグラフィ研究——その研究枠組と若干の実証的考察」『東京大学大学院教育学研究科紀要』35, 29-66 頁。

藤田英典ほか［1998］「教師の仕事の空間的編成に関する実証的研究」『東京大学大学院教育学研究科紀要』38, 100-24 頁。

文部科学省［2023］「令和5年度学校基本調査」。

文部科学省初等中等教育局［2023］「教員勤務実態調査（令和4年度）の集計（速報値）について」。

Borko, H., R. Cone, N. Russo & R. J. Shavelson［1979］"Teacher's Decision Making", P. L. Peterson & H. Walberg eds., *Research on Teaching: Concepts, Findings, and Implications*, McCutchan.

Hargreaves, A.［2000］"Mixed Emotion : Teachers' Perceptions of Their Interactions with Students", *Teaching and Teacher Education*, 16, pp. 811-26.

Waller, W.［1932］*The Sociology of Teaching*, Wiley.

第2章

秋田喜代美・岩川直樹［1994］「教師の実践的思考とその伝承」稲垣忠彦・久冨善之編『日本の教師文化』東京大学出版会。

秋田喜代美［1995］「教えるといういとなみ——授業を創る思考過程」佐藤学編『教室という場所』国土社。

秋田喜代美［1996］「教える経験に伴う授業イメージの変容——比喩生成課題による検討」『教育心理学研究』44(2), 176-86 頁。

磯村陸子［2007］「教室談話を介した学習の変容過程の記述分析」秋田喜代美・藤江康彦編『はじめての質的研究法——教育・学習編』東京図書。

藤江康彦［2000］「一斉授業における教師の『復唱』の機能——小学5年の社会科授

業における教室談話の分析」『日本教育工学雑誌』23(4)，201-12 頁。

藤江康彦 ［2010］「カリキュラムと授業のデザインと教師の専門性」秋田喜代美・藤
　江康彦『授業研究と学習過程』放送大学教育振興会。

藤岡完治 ［1998］「授業をデザインする」浅田匡ほか編『成長する教師——教師学へ
　の誘い』金子書房。

松尾剛・丸野俊一 ［2008］「主体的に考え，学び合う授業実践の体験を通して，子ど
　もはグラウンド・ルールの意味についてどのような認識の変化を示すか」『教育心
　理学研究』56(1)，104-15 頁。

森敏昭 ［2015］「学習科学の理論と方法」森敏昭監修，藤江康彦・白川佳子・清水益
　治編『21 世紀の学びを創る——学習開発学の展開』北大路書房。

Cazden, C. B. ［1988］ *Classroom Discourse : The Language of Teaching and
　Learning*, Heinemann.

Darling-Hammond, L. & J. Bransford eds. ［2005］ *Preparing Teachers for a
　Changing World : What Teachers Should Learn and Be Able to Do*, Jossey-
　Bass.

Edwards, D. & N. Mercer ［1987］ *Common Knowledge: The Development of Un-
　derstanding in the Classroom*, Routledge.

Grossman, P. L. ［1990］ *The Making of a Teacher*, Teachers College Press.

Lampert, M. ［1985］ "How do Teachers Manage to Teach? : Perspectives on
　Problems in Practice", *Harvard Educational Review*, 55(2)，pp. 178-94.

National Research Council ［2000］ Bransford, J. D., A. L. Brown & R. R.
　Cooking eds., *How People Learn : Brain, Mind, Experience, and School*, (Ex-
　panded edition) National Academy Press.（＝米国学術研究推進会議編，森敏
　昭・秋田喜代美監訳 ［2002］『授業を変える——認知心理学のさらなる挑戦』北大
　路書房）

Shulman, L. S. ［1987］ "Knowledge and Teaching : Fundations of the New Re-
　form", *Harvard Educational Review*, 57(1)，pp. 1-22.

▨ 第 3 章

秋田喜代美 ［1996］「教師教育における『省察』概念の展開」森田尚人ほか編『教育
　と市場』(教育学年報 5) 世織書房。

秋田喜代美・市川伸一 ［2001］「教育・発達における実践研究」南風原朝和ほか編
　『心理学研究法入門——調査・実験から実践まで』東京大学出版会。

伊藤功一 ［1990］『教師が変わる授業が変わる校内研修』国土社。

鹿毛雅治 ［1997］「評価と指導の一体化という考え方」藤岡完治・北俊夫編『評価で
　授業を変える』ぎょうせい。

鹿毛雅治 ［2000］「学びの場で経験される評価——豊かな学びが生まれるために」長
　尾彰夫・浜田寿美男編『教育評価を考える——抜本的改革への提言』ミネルヴァ書
　房。

加戸守行・下村哲夫編 ［1989］『初任者研修指導者必携』第一法規。

斎藤喜博 ［1969］『教育学のすすめ』筑摩書房。

清水毅四郎［2002］「同僚と共に生き実践する」日本教師教育学会編『教師として生きる』（講座教師教育学 Ⅲ）学文社。

ショーン，D.［2001］『専門家の知恵——反省的実践家は行為しながら考える』佐藤学・秋田喜代美訳，ゆみる出版。

奈須正裕［1996］「みとり——子どもへのまなざしとしての評価」若き認知心理学者の会『認知心理学者 教育評価を語る』北大路書房。

西穣司［2002］「教師の力量形成と研修体制」日本教師教育学会編『教師として生きる』（講座教師教育学 Ⅲ）学文社。

広瀬孝［2000］「話し合いを取り入れた理科の授業」『他者としての子どもと出会う』（情報教育実践ガイド Ⅳ）藤沢市教育文化センター。

藤岡完治［1998］「仲間と共に成長する——新しい校内研究の創造」浅田匡ほか編『成長する教師——教師学への誘い』金子書房。

吉崎静夫［1991］『教師の意思決定と授業研究』ぎょうせい。

Eisner, E. W. [1998] *The Enlightened Eye*, Prentice Hall.

Stringer, E. T. [1999] *Action Research*, 2nd ed., Sage.

Van Manen, M. [1977] "Linking Ways of Knowing with Ways of Being Practical", *Curriculum Inquiry*, 6(3), pp. 205-28.

Van Manen, M. [1991] "Reflectivity and the Pedagogical Moment : the Normativity of Pedagogical Thinking and Acting", *Journal of Curriculum Studies*, 23(6), pp. 507-36.

第4章

佐藤学［1996］『教育方法学』岩波書店。

佐藤学［1996］『カリキュラムの批評——公共性の再構築へ』世織書房。

第5章

伊藤美奈子［2000］『思春期の心さがしと学びの現場』北樹出版。

伊藤美奈子［2002］『スクールカウンセラーの仕事』岩波書店。

第6章

石井順治ほか［1996］『教師が壁をこえるとき——ベテラン教師からのアドバイス』岩波書店。

稲垣忠彦ほか編［1988］『教師のライフコース』東京大学出版会。

稲垣忠彦・久冨善之編［1994］『日本の教師文化』東京大学出版会。

大村はま［1996］『新編 教えるということ』筑摩書房。

岡本佑子編［2006］『中年の光と影——うつを生きる』（現代のエスプリ別冊）至文堂。

金子奨・高井良健一・木村優編［2018］『「協働の学び」が変えた学校——新座高校 学校改革の10年』大月書店。

久冨善之編［2003］『教員文化の日本的特性』多賀出版。

高文研編集部編［1993］『教師の結婚・教師の子育て』高文研。

高井良健一［2015］『教師のライフストーリー——高校教師の中年期の危機と再生』

勁草書房。

矢萩正芳 [1998]『教師が心を病むとき——私の「うつ病」体験から』高文研。

山﨑準二 [2002]『教師のライフコース研究』創風社。

山﨑準二 [2012]『教師の発達と力量形成——続・教師のライフコース研究』創風社。

山﨑準二 [2023]『教師と教師教育の変容と展望——結・教師のライフコース研究』
　創風社。

Ball, S. & I. Goodson eds. [1985] *Teachers' Lives and Careers*, Falmer Press.

Goodson, I. F. [2003] *Professional Knowledge, Professional Lives : Studies in Education and Change*, Open University Press.

Goodson, I. F. & P. Sikes [2001] *Life History Research in Educational Settings : Learning from Lives*, Open University Press.

Hargreaves, A. [1994] *Changing Teachers, Changing Times : Teachers' Work and Culture in the Postmodern Age*, Teacher College Press.

Hargreaves, A. [2003] *Teaching in the Knowledge Society : Education in the Age of Insecurity*, Open University Press.

Huberman, M. [1989] *La Vie des Enseignants*, Neuchatel. (translated by J. Neufeld [1993] *The Lives of Teachers*, Teacher College Press.)

Lortie, D. [1975] *Schoolteacher : A Sociological Study*, University of Chicago Press. (＝佐藤学監訳 [2021]『スクールティーチャー——教職の社会学的考察』学文社)

Nias, J. [1989] *Primary Teachers Talking : A Study of Teaching as Work*, Routledge.

Sikes, P. [1997] *Parents Who Teach*, Cassell.

Troman, G. & P. Woods [2001] *Primary Teachers' Stress*, Routledge Falmer.

第7章

秋田喜代美 [1998]「実践の創造と同僚関係」佐伯胖ほか編『教師像の再構築』(現代の教育6) 岩波書店。

秋田喜代美ほか [2004]「学力を支える学習環境——調査研究中間報告」東京大学教育学研究科基礎学力研究開発センター編『基礎学力育成システムの再構築』。

国立教育政策研究所 [2018]「OECD国際教員指導環境調査 (TALIS) 2018報告書 vol. 2のポイント」国立教育政策研究所HP。

福井大学教育地域科学部付属中学校研究会 [2005]『中学校を創る——探究するコミュニティへ』東洋館出版社。

ブルーナー, J. [2004]『教育という文化』岡本夏木ほか訳, 岩波書店。

牧田秀昭・秋田喜代美 [2012]『教える空間から学び合う場へ——数学教師の授業づくり』東洋館出版社。

Darling-Hammond, L. & J. Bransford eds. [2005] *Peparing Teachers for a Changing World : What Teachers Should Learn and Be Able to Do*, Jossey-Bass.

Hargreaves, A. [1994] *Changing Teachers, Changing Times : Teachers' Work* and *Culture in the Postmodern Age*, Teacher College Press.

Little, J. [1982] "Norms of Collegiality and Experimentation : Workplace Conditions of School Success", *American Educational Research Journal*, 19(3), pp. 240-325.

Little, J. [1990] "Privacy : Autonomy and Initiative in Teacher's Proffessional Relations", *Teachers College Record*, 91(4), pp. 509-36.

Schutz, P. A. & M. Zembylas eds. [2009] *Advances in Teacher Emotion Research : The Impact on Teacher's Lives*, Springer.

第 8 章

稲垣忠彦・佐藤学 [1996]『授業研究入門』岩波書店。

経済協力開発機構 (OECD) [2021]『図表でみる教育　OECD インディケータ (2021 年版)』明石書店。

国立教育政策研究所編 [2019]『教員環境の国際比較 : OECD 国際教員指導環境調査 (TALIS) 2018 報告書——学び続ける教員と校長』ぎょうせい。

国立教育政策研究所編 [2020]『教員環境の国際比較 : OECD 国際教員指導環境調査 (TALIS) 2018 報告書 [第 2 巻] ——専門職としての教員と校長』明石書店。

佐藤学 [1999]『教育改革をデザインする』岩波書店。

佐藤学 [2015]『専門家として教師を育てる——教師教育改革のグランドデザイン』岩波書店。

佐藤学・秋田喜代美・岩川直樹・吉村敏之 [1991]「教師の実践的思考様式に関する研究(2)——思考過程の質的検討を中心に」『東京大学教育学部紀要』31, 183-200 頁。

佐藤学・岩川直樹・秋田喜代美 [1990]「教師の実践的思考様式に関する研究(1)——熟練教師と初任教師のモニタリングの比較を中心に」『東京大学教育学部紀要』30, 177-98 頁。

中央教育審議会教員養成部会「教職課程コアカリキュラムの在り方に関する検討会」[2017]「教職課程コアカリキュラム」。

広田照幸 [2003]『教育には何ができないか——教育神話の解体と再生の試み』春秋社。

広田照幸 [2005]『教育不信と教育依存の時代』紀伊國屋書店。

松田道雄 [1973]『自由を子どもに』岩波新書。

文部科学省 [2006]「今後の教員養成・免許制度の在り方について（答申）」（基礎資料 2. (9)諸外国における教員養成・免許制度）。

文部科学省初等中等教育局初等中等教育企画課 [2022]「令和 3 年度公立学校教職員の人事行政状況調査について」。

文部科学省総合教育政策局教育人材政策課教員免許企画室 [2023]「令和 3 年度教員免許状授与件数等調査結果について」。

OECD [n. d.] "Initial Teacher Preparation (Strand I)".

UNESCO [1966] "Recommendation Concerning the Status of Teachers"（引用は勝野正章他編 [2023]『教育小六法　2023 年版』学陽書房，に掲載されている名古

屋大学教育法研究会の翻訳に基づいている）

UNESCO International Bureau of Education [1997] "International Conference on Education 45th Session Final Report".

第 9 章

安倍能成編 [1953]『小学生の社会 みんななかよく』2 上，日本書籍。

磯田一雄編 [1998]『日本の教育課題』第 9 巻，東京法令出版。

江森一郎 [1990]『「勉強」時代の幕あけ——子どもと教師の近世史』平凡社。

加藤明ほか [2012]『あたらしいせいかつ』上，東京書籍。

高橋哲哉 [2003]『「心」と戦争』晶文社。

竹下直之 [1943]『師魂と士魂』聖紀書房。

田村学・奈須正裕・吉田豊香 [2020]『新しい生活——あしたへジャンプ』下，東京書籍。

東井義雄 [1944]『学童の臣民感覚』日本放送出版協会。

早坂留平治 [1993]「70 余年前の寺子屋教育を憶う」（初出 1957 年），寺崎昌男・前田一男編『歴史の中の教師』（日本の教師 22）ぎょうせい。

東久世通禧 [1962]「小学修身書巻之一」（初出 1892 年），海後宗臣編『日本教科書大系』（近代編 2）講談社。

普及舎 [1962]「新編修身教典尋常小学校用巻一」海後宗臣編『日本教科書大系』（近代編 2）講談社。

三宅晶子 [2003]『「心のノート」を考える』岩波書店。

森有礼 [1997]「埼玉県尋常師範学校ニ於テノ演説」（初出 1888 年），寺崎昌男・前田一男編『歴史の中の教師』（日本の教師 22）ぎょうせい。

諸葛信澄 [1990]「小学教師必携」（初出 1875 年），『明治大正教師論 文献集成 1』ゆまに書房。

第 10 章

浅井幸子 [2005]「近代日本における初等教育の女性化——教職におけるジェンダーの形成過程」『和光大学人間関係学部紀要』10，29-42 頁。

浅井幸子・黒田友紀・杉山二季・玉城久美子・柴田万里子・望月一枝編著 [2016]『教師の声を聴く——教職のジェンダー研究からフェミニズム教育学へ』学文社。

浅井幸子・玉城久美子・望月一枝 [2011]「戦後日本の小中学校における女性教師の脱性別化——『婦人教師』から『教師』へ』『和光大学現代人間学部紀要』4，21-36 頁。

河上婦志子 [2001]「教員像のオルタナティヴを探る——イギリスの女性教員研究」神奈川大学人文学研究所編『ジェンダー・ポリティクスのゆくえ』勁草書房。

河野銀子・村松泰子編 [2011]『高校の「女性」校長が少ないのはなぜか——都道府県別分析と女性校長インタビューから探る』学文社。

黒田友紀・杉山二季・望月一枝・玉城久美子・船山万里子・浅井幸子 [2010]「小学校における学年配置のジェンダー不均衡」『東京大学大学院教育学研究科紀要』49，317-25 頁。

杉山二季ほか［2005］「小中学校における女性管理職のキャリア形成」『東京大学大学院教育学研究科紀要』44，281-99頁。

中内敏夫・川合章・深谷晶志編［1974］『女教師の生き方』（日本の教師4）明治図書。

船山万里子・玉城久美子・杉山二季ほか［2013］「小学校における女性教師のキャリア形成――学年配置に着目して」『東京大学大学院教育学研究科紀要』53，213-23頁。

堀内かおる［2001］『教科と教師のジェンダー文化』ドメス出版。

文部科学省［2023］「令和4年度公立学校教職員の人事行政状況調査について」。

文部省編［1954］『学制八十年史』大蔵省印刷局。

山﨑準二［2002］『教師のライフコース研究』創風社。

山﨑準二［2012］『教師の発達と力量形成――続・教師のライフコース研究』創風社。

横山文野［2002］『戦後日本の女性政策』勁草書房。

Grumet, M.［1988］*Bitter Milk : Woman and Teaching*, University of Massachusetts Press.

Martin, J. R.［1992］*The Schoolhome : Rethinking Schools for Changing Families*, Harvard University Press.（＝生田久美子監訳［2007］『スクールホーム――〈ケア〉する学校』東京大学出版会）

Noddings, N.［1984］*Caring : a Feminine Approach to Ethics and Moral Education*, University of California Press.（＝立山善康・林泰成・清水重樹・宮崎宏志・新茂之訳［1997］『ケアリング――倫理と道徳の教育 女性の観点から』晃洋書房）

Noddings, N.［1992］*The Challenge to Care in Schools : An Alternative Approach to Education*, Teachers College Press.（＝佐藤学監訳［2007］『学校におけるケアの挑戦――もう一つの教育を求めて』ゆみる出版）

OECD［2019］TALIS 2018 Results (Volume I), OECD Publishing.

Sugg, R. S. Jr. ＆ S. Redding［1978］*Mother Teacher : The Feminization of American Education*, University Press of Virginia.

第11章

佐藤学［1997］『教師というアポリア――反省的実践へ』世織書房。

佐藤学［2015］『専門家として教師を育てる――教師教育改革のグランドデザイン』岩波書店。

資　料

中央教育審議会［2022］「『令和の日本型学校教育』を担う教師の養成・採用・研修等の在り方について～「新たな教師の学びの姿」の実現と，多様な専門性を有する質の高い教職員集団の形成～」答申。

日本教師教育学会［n. d.］「教師教育研究文献目録」。

文部科学省［2006a］「今後の教員養成・免許制度の在り方について（答申）」（基礎資料2.(6)教員免許状取得に必要な科目の単位数・内訳）。

文部科学省［2006b］「今後の教員養成・免許制度の在り方について（答申）」（基礎

資料 2. (9)諸外国における教員養成・免許制度)。

文部科学省［2015］「チームとしての学校の在り方と今後の改善方策について（答申）」

文部科学省［2023a］「教員研修の実施体系」。

文部科学省［2023b］「令和5年度学校基本調査」。

National Standards for school-based initial teacher training (ITT) mentors. ［2016］ https://assets. publishing. service. gov. uk/government/uploads/syste m/uploads/attachment_data/file/536891/Mentor_standards_report_Final. pdf

OECD［2021］"Student-teacher ratio and average class size. Education at a Glance 2021".

OECD［2023a］"Distribution of teachers by age and gender. Education at a Glance 2023".

OECD［2023b］"Instruction time in compulsory general education. Education at a Glance 2023".

◉ 索　引 ◉

【有斐閣アルマ】

新しい時代の教職入門〔第3版〕
Teacher Education in the New Era, 3rd ed.

2006年4月30日 初 版第1刷発行   2024年3月25日 第3版第1刷発行
2015年8月25日 改訂版第1刷発行

編著者	秋田喜代美　佐藤 学
発行者	江草貞治
発行所	株式会社有斐閣
	〒101-0051 東京都千代田区神田神保町 2-17
	https://www.yuhikaku.co.jp/
装　丁	デザイン集合ゼブラ＋坂井哲也
印　刷	大日本法令印刷株式会社
製　本	大口製本印刷株式会社
装丁印刷	株式会社亨有堂印刷所

落丁・乱丁本はお取替えいたします。定価はカバーに表示してあります。
©2024, K. Akita, M. Sato. Printed in Japan.
Printed in Japan. ISBN 978-4-641-22233-5